우아하게 이기는 여자

ⓒ 윤여순, 2020

이 책의 저작권은 저자에게 있습니다.
저작권법에 의해 보호를 받는 저작물이므로
저자의 허락 없이 무단 전재와 복제를 금합니다.

우아하게 이기는 여자

윤여순 지음

일 잘하는 여자가 절대 포기하지 말아야 할 것들

비즈니스북스

우아하게 이기는 여자

1판 1쇄 발행 2020년 9월 28일
1판 7쇄 발행 2025년 4월 4일

지은이 | 윤여순
발행인 | 홍영태
편집인 | 김미란
발행처 | (주)비즈니스북스
등 록 | 제2000-000225호(2000년 2월 28일)
주 소 | 03991 서울시 마포구 월드컵북로6길 3 이노베이스빌딩 7층
전 화 | (02)338-9449
팩 스 | (02)338-6543
대표메일 | bb@businessbooks.co.kr
홈페이지 | http://www.businessbooks.co.kr
블로그 | http://blog.naver.com/biz_books
페이스북 | thebizbooks
인스타그램 | bizbooks_kr
ISBN 979-11-6254-166-1 03190

* 잘못된 책은 구입하신 서점에서 바꾸어 드립니다.
* 책값은 뒤표지에 있습니다.
* 비즈니스북스에 대한 더 많은 정보가 필요하신 분은 홈페이지를 방문해 주시기 바랍니다.

비즈니스북스는 독자 여러분의 소중한 아이디어와 원고 투고를 기다리고 있습니다.
원고가 있으신 분은 ms1@businessbooks.co.kr로 간단한 개요와 취지, 연락처 등을 보내 주세요.

한없는 사랑을 주신 어머니와
한없이 사랑하는 딸에게
이 글을 바칩니다.

― 머리말 ―

일하는 여자로 살며, 배우며, 성장하며 알게 된 것들

얼마 전, 직장 생활을 하다 용감하게 프리랜서로 전업한 딸에게 연락이 왔다. 선배들이 나를 만나고 싶어 하는데 가능하냐고 물었다. 딸의 선배들은 일과 육아를 병행하며 겪는 문제에 처음 맞닥뜨린 시점에 있었고 나의 경험과 조언을 듣고 싶어 했다. 선배들이 딸에게 이렇게 물었다고 한다.

"너는 일하는 엄마를 보며 자랐을 텐데 괜찮았어?"

딸의 이야기에 젊은 시절 같은 문제로 고민하던 나의 모습이 떠올랐다. 언젠가 딸도 나와 그 선배들처럼 일과 육아 사이에서 고민할 수도 있다. 세대를 넘어 모두 같은 고민을 하고 있는 것이다.

퇴임 후 내가 주로 하는 일은 '코칭'이다. 코칭을 시작하고 얼마 안 되어 동료 코치가 여성 후배가 한 명 있는데 본인한테 코칭을 받는 것보다 나에게 코칭을 받으면 더 좋을 것 같다며 한번 만나줄 수 있느냐고 물었다. 나는 기꺼이 응했다.

얼마 지나지 않아 만난 그 후배는 무척 어려운 상황에 있었다. 회사에 입사한 후 최선을 다해 일했지만 대리에서 과장으로 승진이 안 되었고 점차 조직 생활에 염증을 느낀다고 했다. 늦었지만 유학을 가야 할지 고민이 많다고 했다.

"많이 힘들죠?"

담담하게 자신의 이야기를 털어놓던 그녀는 내가 건넨 첫 마디에 눈물을 펑펑 쏟았다. 나는 그녀가 그동안 가슴에 쌓아두었던 이야기들을 다 풀어놓을 수 있도록 열심히 귀 기울였다. 자신의 이야기를 조곤조곤 털어놓는 모습에서 누구보다도 최선을 다해 일하는 열정을 엿볼 수 있었다.

우리는 그녀의 꿈이 무엇인지, 그 꿈을 이루기 위해 무엇을 하고 싶고 할 수 있는지, 지금 해야 할 일은 무엇인지에 대해 천천히 대화를 나누었다. 헤어질 때 그녀는 속이 후련하고 복잡했던 마음이 정리되었다며 뭔가 가닥이 잡히는 것 같다고 했다. 처음 인사를 나눌 때보다 얼굴이 훨씬 맑아 보였다.

두어 달이 지나 그녀에게 연락이 왔다. 목소리가 아주 밝았다. 고민 끝에 직장을 옮겼고 승진과 동시에 원하던 부서에 배치가 되어 너무 행복하다고 했다. 나와 대화를 나눈 후 모든 것이 명료해졌고 잃었던 자신감도 회복했다고 했다.

사실 나는 특별히 해준 게 없었다. 그저 내가 직장 생활을 하며 겪었던 과정을 그대로 겪고 있는 후배에게 내가 경험하며 느꼈던 점, 돌이켜보니 다시 생각해볼 점들을 대화하며 나누었을 뿐이다.

몇 주 전에는 어떤 모임에서 40대 초반의 여성이 반갑게 다가와 인사했다. 잡지사 기자 초년 시절에 나를 인터뷰한 적이 있다고 했다. 육아 문제에 대해 이야기를 나누다 내가 말한 '퀄리티 토크'Quality Talk가 강렬하게 기억에 남았다고 한다. 결혼해 아이를 낳고 기르며 일하는 동안 어려울 때마다 그 이야기를 떠올리며 힘을 얻었다고 했다. 그녀는 내 손을 꼭 잡으며 감사하다는 말을 직접 전할 수 있어서 무척 기쁘다고 했다.

20여 년간 매일 출근하고 아이를 기르며 일한 나의 경험이, 솔직한 이야기가 힘이 되었다는 이야기를 들을 때마다 나 역시 큰 힘을 얻는다. 이런 일이 쌓이자 나의 이야기를 글로 옮기는 것에 대해 용기를 낼 수 있었다.

사실 책을 쓰겠다고 마음먹기까지 꽤 오랜 시간 고민했다. 퇴임할 무렵 책을 내자는 제안을 여러 번 받았지만 나는 단호히 거절했다. 나의 이야기가 얼마나 도움이 될지 확신도 없었고 더욱이 글로 남기는 것에 대해 결벽증적인 강박이 있었던 것 같다.

퇴임 후 일하는 여성이나 대학생을 대상으로 코칭을 하면서 여러 강의와 멘토링 프로그램을 진행하며 다양한 이들의 긍정적인 피드백을 받았다. 자연스럽게 오랫동안 나를 사로잡고 있던 책을 쓴다는 것에 대한 부담과 강박을 내려놓을 수 있었다. 나의 이야기가, 나의 경험이 누군가에게 도움이 된다면 누구에게라도 기꺼이 달려가야겠다는 생각이 들었다. 우선 한 권의 책으로 정리해야겠다는 결심이 섰다.

나는 서른다섯에 첫 아이를 낳았다. 마흔에 박사학위를 땄고, 기업에서 직장 생활을 시작해 일하는 여성으로 치열하게 살았다. 돌이켜보면 나의 열정을 불사를 수 있었던 내 인생에서 가장 아름다운 시절이었다. 한 인간으로서, 일하는 여성으로서, 아이를 기르는 엄마로서 가장 많이 성장한 시기이기도 했다.

내가 일을 시작하던 시절에는 리더의 위치에 올라간 여성이 많지 않았다. 나 역시 새로운 길을 개척하듯 한 걸음 한 걸음 조심스럽게 내딛어야만 했다. 여성으로서 느끼는 주위의 환경은 척박하기 짝이 없었다. 모든 것이 남성 위주로 돌아가고 있었다. 다수의 남성들과 끊임없이 경쟁해야만 했다. 서툴렀던 나는 일하는 법을 배우고, 조직을 이해하고, 사람을 알면서 무수히 깨지고 무너지기도 했다.

그러나 그 모든 것이 배움이었다. 이 배움의 과정에서 나는 아주 중요한 원칙을 발견하고 키워나갔다. 나에게 디폴트처럼 주어진,

주위의 남성과 경쟁하는 것은 나의 목표가 될 수 없었다. 그다지 재미있지도 즐겁지도 않았다. 내 꿈을 향해 정진할 때는 그 과정이 험난하고 어려워도 한없이 즐겁고 지치지 않았다. 나를 이 틀 안에 놓고 나니 목표를 향한 길이 아무리 길고 험해도 그 속에서 나만의 소신과 보람 그리고 우아함을 찾을 수 있었다.

내가 찾은 우아함은 그 어떤 방법보다 나에게 힘이 되었다. 서두르지 않고, 쉽게 흥분하지 않고, 환경에 휘둘리지 않고, 나만의 스타일로 나만의 페이스로 뚜벅뚜벅 나아갈 수 있었다. 우아한 여정은 나를 지켜주고 끊임없이 새로운 도전을 가능하게 하고 그 과정에서 사람들과 신뢰를 쌓을 수 있었다.

이 책에 그동안 일하며 배우고 느꼈던 이야기들을 담담히 정리해보았다. 자신의 꿈을 향해 한 발 한 발 내디디고 있는 여성들에게, 때로 막막하고 앞이 보이지 않아 누군가의 위로와 지지가 절실한 여성들에게 나의 이야기가 조금이나마 희망과 길잡이가 되기를 기대해본다.

윤여순

| 차례 |

머리말 일하는 여자로 살며, 배우며, 성장하며 알게 된 것들　　6

제1장 대담한 도전
소신을 갖고 새로운 도전을 주저하지 않는다

변화는 단번에 일어나지 않는다　　17
현재진행형인 사람에게는 끝도 시작도 과정일 뿐이다　　26
일로 성장하는 사람이 되려면　　32
감정에 휘둘려 페이스를 잃지 마라　　39
가진 것에 집중할 때 인생은 더 단단해진다　　46

제2장 무한한 가능성
진정한 나를 찾아 가능성의 문을 연다

모든 가능성은 나를 믿는 데서 시작된다	57
시련은 혼자 오지 않는다	64
나이 마흔, 박사가 되다	69
결과에 온전히 책임지는 삶을 택하다	75
일과 육아 사이에서 흔들리고 있다면	80

제3장 우아한 승부
남자와의 경쟁이 아니라 나 자신과 승부한다

일의 핵심에 몰입하고 성과로 말한다	93
일 잘하는 사람은 조직을 읽는 능력부터 키운다	101
지혜로운 자는 일의 본질에 매달린다	110
작은 성공의 경험이 큰 성공을 만든다	120
소신껏 한 일은 진정한 배움을 선물한다	128
당신이어서 해낼 수 있다	137
리더의 힘은 진정성에서 나온다	146

제4장 나와 타인을 향한 사랑
삶을 충만한 사랑으로 채운다

애정 어린 따뜻한 말 한마디가 세상을 바꾼다	157
인생을 바꾸는 힘은 자신의 강점에서 나온다	163
즐길 줄 알아야 강해진다	168
여성들이 서로 사랑할 때 더 아름다운 꽃이 핀다	177
어머니가 물려준 위대한 인생철학	183

제5장 끝없는 재창조
나의 우주와 다른 누군가의 우주를 연결한다

상대방의 입장에서 생각하라	193
누군가에게 편견의 가해자가 되지 않도록 한다	202
코칭은 제자가 아닌 스승을 만나는 과정이다	210
저마다의 가능성을 이끌어내려면	215
스스로 답을 찾도록 질문하라	221
살며 사랑하며 배우며	229

감사의 글	239

제1장

대담한 도전

소신을 갖고 새로운 도전을 주저하지 않는다

한 발 내디뎌 얼음을 깨고 물속에 뛰어들어 헤엄을 쳐보기 전에는 물살을 가르고 나아가며 어떤 일이 일어날지 알 수 없다. 무슨 일이 일어날지 두려워 얼음 위에 발을 붙이고 있으면 얼음은 그저 딛고 서 있는 땅일 뿐이다. 얼음 밑에 새로운 세상과 그곳으로 안내할 물이 있다는 사실조차 잊어버리게 된다.

물론 얼음을 깨는 일은 용기가 필요하다. 설사 얼음을 깨고 물에 뛰어들어도 물이 너무 차고 물살이 세어 큰 화를 당할 수도 있다. 그러나 물에 들어가 봐야 물을 알게 되고 헤엄치는 법도 배운다. 그리고 지금까지 해보지 못한 새로운 경험을 할 수 있다.

변화는 단번에
일어나지 않는다

나는 마흔에 회사 생활을 다시 시작했다. 결혼 후 남편을 따라 미국으로 가기 전까지 직장을 다니긴 했지만 몇 년간 아이를 키우고 공부에 매진했기에 기업이라는 조직에 들어가겠다고 결심하기란 쉽지 않았다. 사실 기업이 나의 일터가 되리란 생각도 해본 적이 없었다. 나는 교수가 되고 싶었다. 박사까지 공부했으면 당연히 대학에서 학생들과 배움을 나눠야 한다고 생각했다.

회사 입장에서도 나라는 존재는 이제껏 겪어본 적 없는 존재였다.

더군다나 현장 경험이 적은 박사에 여자 상사라니……. 당시에는 여성 리더가 드물었기에 무엇을 하든 나에게도 회사 입장에서도 새로운 도전이었다.

나만이 할 수 있는 일을 찾아서

LG에 입사할 당시는 IMF 구제 금융 사태가 터지기 직전으로 모든 기업이 호황을 누릴 때였다. 풍요로움은 교육 분야에도 변화를 일으켰다. '이제는 전문가가 필요하다'는 인식이 높아졌고 대기업에서는 박사학위 전문 인력을 채용하기 시작했다. 게다가 이전에는 일본을 배우려는 성향이 강했다면 이때부터는 미국을 배워야 한다로 흐름이 바뀌어 미국에서 공부한 젊은 박사들을 과장급으로 채용하고 있었다. 회사에서는 변화와 도약을 위해 파격적인 시도를 한 것이다. 나는 이런 흐름 속에 LG와 인연이 되었다.

LG에 입사하기로 결정한 후 연봉과 지위 등 조건에 대한 협상을 했다. 이왕 기업에서 일하기로 결정했으니 나는 배짱을 조금 부려보았다.

"저를 채용하는 목적은 그동안 해보지 않은 새로운 도전과 시도를 하려는 것일 텐데, 조직사회에서 과장급 정도로는 큰 변화를 기대하기 어렵지 않겠습니까."

뜻밖에도 밑져야 본전으로 부려본 배짱이 받아들여졌고 나는 1995년 9월, LG인화원에 부장으로 입사했다.

지금 생각해보면 그때의 나는 참 겁이 없었다. 그러나 한 가지 미처 생각하지 못했던 것이 있었다. 나와 회사 입장에서도 새로운 도전이었지만 같이 일해야 할 동료와 후배 들에게도 나는 낯선 존재이자 도전이었다는 사실이다. 조직에서 다양한 경험을 쌓으며 여기까지 온 열두 명의 동료 부장들에게 나는 한 번도 같이 일해본 적 없는 달갑지 않은 외계인, 그것도 여자 외계인이었다. 당시에는 부장급인 여성이 거의 없었다. 나 또한 처음 겪어보는 낯선 환경에 당황스러웠지만 눈치까지 없진 않았다. 조직 내에서의 이런 분위기를 충분히 읽을 수 있었고 그들의 입장도 이해가 되었다. 나는 늘 겸손한 태도로 임했다. 그리고 조금씩 받아들여지는 듯싶기도 했다.

'박사 증후군'이라는 것이 있다. 박사란 매우 세분된 분야를 깊이 있게 들여다보는 사람이다. 이런 방식으로 한 가지에 전념하다 보면 세상 돌아가는 것과는 점점 멀어지기 쉽다. 갓 박사학위를 받고 나면 가장 높은 수준의 전문성을 인정받는 기분이 들기도 하지만 한편으로는 세상에 대해 제대로 아는 것이 하나도 없는 것 같은 무능함이 느껴지기도 한다. 많은 박사가 이런 시기를 겪는다.

아이오와 시골에서 공부만 하다 돌아온 나에게 서울은 놀랍게 변모해 있었다. 더구나 기업에서 오가는 많은 이야기들이 나에게는 지금까지 한 번도 들어본 적 없는 줄임말 투성이의 신조어 같았다. 때로는 외계 언어처럼 낯설게 느껴지기도 했다. 그렇다고 모르는 티를 낼 수도 없었다. 이러지도 저러지도 못하는 상황에 무척 힘들었다.

입사하고 얼마 지나지 않아 주위의 분위기는, 어렵게 '여성 박사'를 영입했는데 어느 정도 적응하면 눈에 보이는 성과를 내놓아야 하지 않느냐는 무언의 압박으로 바뀌었다. 적응하기도 벅찬데 모두를 감동하게 할 만큼 반짝거리는 결과를 만들어내는 일이 그리 쉽지는 않았다.

나는 비교적 일하는 속도도 빠르고 추진력도 있는 편이다. 하지만 스스로 확신이 서지 않으면 누가 시켜도 잘 움직이지 않는 성향이 있다. 모르는 것을 아는 척하는 배짱은 더더욱 없었고 그런 배짱은 부리고 싶지도 않았다. 오랜 외국 생활에 그것도 학교라는 울타리 안에서만 생활하다 생각지도 못했던 기업에 들어와 이것저것 습득만 하기에도 내 삶은 매우 바쁘고 벅찼다. 그럼에도 자리가 주어진 만큼 무언가 결과를 내놓긴 해야 할 텐데. 내가 무엇을 할 수 있을지 고민에 고민을 거듭하다 보니 결국 결론은 하나였다.

'나만이 할 수 있는 차별적인 일이 뭘까. 그걸 찾자.'

LG는 명실공히 글로벌 기업으로 부상하던 시기였고 한국은 IT 강국으로 자리매김하고 있었다. LG인화원은 그룹의 교육을 담당하는 곳이다. 나는 실용적이면서도 앞서가는 학문인 교육공학을 전공했다. 거기에 집중하니 문득 이런 생각이 떠올랐다.

"바쁜 업무 중에 경기도에 있는 인화원까지 와서 오프라인 교육을 받는 것이 부담스럽지 않을까? '일하면서 배우는' 개념이 필요하다!"

내가 떠올린 건 온라인 교육 시스템이었다. 이 시스템으로 인프라를 구축하면 업무를 하던 책상에서 틈틈이 업무 능력도 향상시키고 자기계발도 할 수 있는 것이다. 나는 "이거다!" 하고 결론을 내렸다. 지금은 당연한 온라인 교육이 그때는 듣도 보도 못한 일일 때였다.

운명이었을까 내가 맡은 팀에는 회사에서 컴퓨터에 미쳤다는 얘기를 들을 만큼 컴퓨터에 능하고 매일 시키지도 않은 야근을 하며 컴퓨터와 씨름하는 두 명의 대리가 있었다. 나는 그들을 설득해 그룹 내 온라인 교육 인프라 시스템을 개발하자고 했다. 일단 결심이 서자 멈출 수 없었다. 열심히 기획안을 작성했다. 우리 팀 바로 옆에는 EDS(현 LG CNS)에서 인화원 IT 업무를 관리하기 위해 나온 팀이 있었다. 그렇게 그들과 함께 시스템을 개발하기 시작했다.

사이버 아카데미의 탄생

어느 정도 일이 진척되고 EDS 팀에게 줄 용역비의 초기 비용을 지급해야 할 시점이 다가왔다. 나는 그제야 담당 임원인 A상무에게 프로젝트에 대해 보고했다. 사실 기획안을 올리지 않고 프로젝트를 시작했다. 나름의 확신이 있어 시작한 일이지만 당시에는 승인이 나기 매우 어려운 프로젝트였다. 승인이 나지 않아 시작도 하지 못할까 봐 두려운 마음에 그냥 저지르고만 형국이었다. 예상했지만 회사가 날아갈 듯 불호령이 떨어졌다. A상무는 조직 생활 수십 년에 이런 꼴은 처음 본다고 했다. 당연한 얘기다. 조직에서 어떻게 결재가 나지 않은 프로젝트를 진행할 수 있는가. 그것도 외부에 치러야 할 비용이 상당히 많이 드는 프로젝트를…….

하지만 운이 좋았던 걸까, 외부 용역을 진행한 것이 오히려 이 프로젝트를 중단시키지 못할 이유가 되었다. 온갖 눈총을 받으며 시스템 개발을 마치고 드디어 오픈했다. 나는 이 시스템을 '사이버 아카데미'Cyber Academy라고 이름 지었다.

무식하면 용감하다고 했던가. 지금 생각해보면 몰라도 너무 몰라 저지른 황당한 행동이었다. 자칫하면 물거품이 될 뻔한 프로젝트는 담당 임원의 너그러운 관용으로 개발을 마칠 수 있었다. 이렇게 살아난 프로젝트이니 어떻게 해서든 조직에 기여가 되도록 성공하고 싶었다.

새로운 것은 널리 알려야 한다. 나는 다음 단계인 홍보에 집중했다. 각 계열사의 홍보팀과 HR팀, 경영관리팀을 통해 사내 홍보 협조를 구하고 포스터를 만들어 배포했다. 그룹 사내 방송국에 취재를 해줄 것을 요청하고 각 사 사보마다 인터뷰를 신청하며 홍보할 수 있는 모든 수단을 총동원했다.

어느 날 여의도 본사로 출근할 일이 있었는데 출근 시간이 되니 수십 대의 출근 버스가 들어오는 것이 눈에 띄었다. 나는 지하철 역에서 나올 때마다 전단지를 나눠주는 아주머니들과 맞닥뜨린 기억이 났다. 이것도 해야겠다 싶었다. EDS 팀에 간곡히 협조 요청을 해 인화원의 두 대리와 함께 출근 버스 앞에서 기다리고 있다가 전단지를 나눠주었다.

"이게 뭐죠?"

전단지를 받은 직원들은 이런 건 처음 본다며 신기해했고 전단지를 나눠주던 EDS 직원들도 직장 생활하며 이런 일은 처음 해본다고 했다.

나는 사이버 아카데미가 잘 활용되어 수고한 모든 이들에게 보답하고 싶은 마음이 간절했다. 이런 극성스러운 홍보 활동이 소문났는지 그룹의 임원 세미나에서 사이버 아카데미에 대한 발표를 하라는 요청이 왔다. 임원 세미나는 회장님과 각 사 CEO, 임원들이 여의도 본사 대강당에서 한 달에 한 번씩 진행하는 월례세미나다. 주로 외부 강사를 초청해 강연을 듣고 그룹 내 새로운 소식과 신제품 등을 소개하며 각 사에 생방송으로 중계도 한다. 그룹 내에서도 계열사마다 각 사의 소식이나 업적을 알리고 싶어 안건으로 채택되려고 경쟁하는 자리이기도 하다.

발로 뛴 홍보 활동이 널리 알려지다 보니 임원 세미나에서 인화원의 사이버 아카데미를 소개하라는 통보가 온 것이다. 대부분 주력 사업의 아이템이 채택되는데 인화원의 안건이 채택된 것은 매우 이례적인 일이었다. 당연히 어깨가 무거웠다. 노발대발했던 A상무도 인화원의 이름을 걸고 철저히 준비해 발표를 잘하라고 격려를 아끼지 않았다. 잠이 잘 오지 않았다. 각 사 CEO와 임원 수백 명이 참석하는 곳에서 발표를 하라니. 15분짜리 발표 자료를 수없이 고치고 리허설을 반복했다.

발표 당일, 잔뜩 긴장하긴 했지만 최선을 다해 준비한 만큼 열과 성을 다해 사이버 아카데미를 소개했다.

"이제 기업에서도 온라인 교육이 필요합니다. 인화원에서 그룹 내 온라인 교육의 인프라인 사이버 아카데미를 개발했으니 많은 활용 부탁드립니다."

발표를 끝내고 임원 세미나 담당 부서로부터 잘했다고 칭찬을 받았다. A상무도 매우 기뻐했다.

의외의 반응도 있었다. 이 발표를 통해 그룹 내에 여성 부장이 있다는 사실이 처음으로 각 사에 알려진 것이다. 사이버 아카데미를 통해 뜻하지 않게 '나'라는 존재를 각인시킨 셈이다. 어찌 됐든 나는 그룹으로부터 '인화원이 이번에 아주 좋은 일을 했다'고 인정받은 것이 제일 기뻤다. 일단은 성공이라고 확신했다.

새로운 변화를 성공적으로 일으키기란 결코 쉬운 일이 아니다.

변화는 단번에 일어나지 않는다. 수많은 단계를 거쳐야 한다. 사이버 아카데미라는 시스템 자체는 나의 전문지식을 총동원하여 개발한 참신한 시도였지만 제대로 접근하려면 우선 온라인 교육의 필요성에 대해 사람들의 인식을 바꿔야 했다. 인화원을 대상으로, 그리고 각 계열사를 대상으로 인식을 전환하는 발표회나 세미나를 열어 자연스럽게 받아들일 수 있도록 해야 하는 상황이었다. 새로운 것이 무엇이며, 무엇을 가능하게 하는지, 그래서 어떤 이득을 얻을 수 있는지에 대해서 말이다. 그것도 한 번에 되지 않을 테니 두 번, 세 번…… 끈기를 갖고 계속 두드려야 했다.

그렇게 인식의 전환이 일어났다 해도 새로운 변화는 절대 필요성이나 당위성만으로 받아들여지지 않는다. 변화를 받아들이는 사람들의 마음과 주변 환경을 세심히 살펴야 한다. 소위 '일하면서 배우는' 환경이라는 것이 조직 안에서 형성되려면 그 변화로 인해 수반되는 여러 예기치 못한 현상이나 문제들을 풀어나갈 때에야 비로소 변화는 제대로 스며들어 자리를 잡는다.

그러나 이 모든 과정이 필요함에도 불구하고 나의 급한 마음은 결과를 내놓기 바빴다. 사이버 아카데미라는 시스템만 개발했지 온라인 교육 시스템을 어떻게 정착시킬지는 미처 준비하지 못했다. 일은 벌어졌고 나는 성공적으로 이 프로젝트가 자리 잡을 수 있도록 총력을 기울였다. 지금 생각하면 아찔할 정도로 철이 없었던 나의 행동은 당연히 다음에 일어날 첩첩산중의 일들로 이어졌다.

현재진행형인 사람에게는
끝도 시작도 과정일 뿐이다

사이버 아카데미는 새로운 시도로 주위의 눈길을 끄는 데는 성공했다. 하지만 사이버 아카데미를 통해 펼치고 싶었던 온라인 교육은 잘 정착되지 못했다.

우선 일하면서 배운다는 개념이 잘 받아들여지지 않았다. 업무가 첩첩이 쌓여 있는 환경에서 자기계발을 위한 프로그램이 있으니 일하면서 활용해보라고 하는 것은 개인에게는 이중으로 부담되는 일이었다. 조직의 관점에서도 '일만 하기에도 시간이 모자라는데 일하면서 공부를 하라니' 가당치 않은 일이라는 인식에서 벗어나기 어려운 시절이었다. 각 사의 교육부서를 찾아다니며 설득하고 협조를 구했으나 모두 고개를 갸우뚱할 뿐이었다. 만들어 놓았으나 제대로 활용이 되지 않았다.

게다가 외환 위기로 나라가 뒤집힐 만큼 경제적으로나 심리적으로 위축된 상황이었다. 기업에서는 교육부서와 광고부서가 가장 큰 타격을 입었다. 생존의 갈림길에 서 있는데 누가 한가하게 교육을 보낼 수 있겠는가?

항상 수백 명의 교육생으로 붐비던 인화원 식당에 100여 명의 직원들만 덩그러니 앉아 식사를 할 정도였다. 결국 이 위기를 넘기며 직원이 80명 정도로 줄었다. 그때의 위기감으로 우리는 모두 조직인으로서 거듭나는 경험을 여러 면으로 하게 되었다. 비용을 대폭 줄이기 위해 그동안 누려왔던 많은 여유로움을 스스로 깎아냈다. 그러나 그것으로도 턱없이 부족한 상황이었다. 자립하지 않으면 월급도 챙기지 못할 형편이었다. 이런 상황에 어떻게 그룹이나 계열사에 도움을 요청하고 손을 벌리겠는가? 어느 회사나 생존을 위해 치열하게 몸부림치던 때였다.

변화에 적응하는 사람만이 살아남는다

1999년에 들어서는 진행할 교육도 거의 없고 직원들끼리 모여 묘안이 없을지 워크숍을 거듭했다. 답을 내부에서만 찾기에는 한계가 있었다. 외부 시장으로 나가 우리의 제품인 교육 과정을 팔아 매출을 올리는 것만이 유일한 살 길이라고 결론을 내렸다.

하지만 대기업에서도 교육을 줄이는데 그 외의 조직에서 교육을 필요로 할까? 그래도 일단 희망을 안고 나가야만 했다. 그만큼 절박했다. 팀마다 달성해야 하는 매출액을 책정했다. 이런 절박한 논의 과정에 사이버 아카데미에서 운영하는 회계, 마케팅, 비즈니스 영어 등 몇 안 되는 온라인 교육 과정이 쟁점이 되었다. 당시 온라인 교육은 아주 조금씩 수요가 늘고 있었다. 기업에서보다는 정부 차원의 활용이 더 활발했다. IT 강국인 만큼 국가적인 차원에서 노동부가 고용을 지원한다는 개념으로 온라인 교육을 활용하고 있었다. 국가가 지원하는 사업이기 때문에 과정비가 3만 원으로 저렴하게 책정되었다. 이로 인해 자연스럽게 시장 가격도 정해졌는데 이것이 논란이 되기 시작했다.

인화원은 하나의 조직인데 어떤 팀에서는 마케팅 오프라인 과정을 30만 원에 홍보하며 참가자를 모집하고, 또 다른 팀에서는 동일한 마케팅 과정을 단돈 3만 원에 들을 수 있다고 한다면 어떤 과정을 선택하겠느냐는 것이다. 이렇게 되면 서로 제 살 깎아 먹기가 될 게 뻔했다. 급기야 "윤 부장님은 이런 걸 대체 왜 만들었냐."는 공개적인 공격을 받았다. 나는 "미래에 세상을 크게 바꿀 거대한 변화는 거스를 수 없는 법이고 그런 변화는 빨리 받아들이는 자만이 살아남을 수 있다고 보기 때문에 만들었다."는 원론적인 얘기밖에 할 수가 없었다. 직원들이 돌아서서 "그건 박사님이나 하시는 얘기고요." 하고 말하는 소리가 내 귀에 쨍하니 들리는 듯했다. 심지어 애당초 인화원이 결정해서 추진한 프로젝트도 아니지 않았냐는 얘기까지 나왔다. 그렇지 않아도 사이버 아카데미라는 시스템 안에서 운영할 수 있는 소수의 과정을 개발했으나 그다지 신통치 않은 반응을 보고 무엇이 부족했는지 여러 가지로 자성하고 있을 때였다. 게다가 IMF 구제 금융 사태 같은 위기가 오리라고는 미처 생각하지 못했다. 스스로도 반성하고 있는데 공개적으로 공격까지 받으니 나의 자존심과 자긍심은 바닥을 쳤다. 이런 상황에 무엇을 할 수 있겠는가? 내가 할 수 있는 것은 사직서를 곱게 써서 품에 넣고 다니는 것뿐이었다. 기업에 들어와 아무리 적응이 어려워 그만둔다 해도 나만이 할 수 있는 일을 남기고 싶었다. 그리고 그 일은 지금 당장은 활성화 되지 못해도 어차피 시간이 걸리는 문제이고 적어도 해가 될 일은 아니라고 생각했다.

 이런 마음과는 다르게 상황은 갈수록 악화되었다. 최선을 다했으니 적당한 시점에 떠나야겠다 마음먹었다. 기업에 들어와 일하겠다는 어려운 결정을 할 때 느꼈던 가슴 떨림이나 비장한 각오는 이제는 먼 남의 얘기가 된 듯한 느낌이었다.

 지금은 COVID-19로 인해 세상이 온통 온라인으로 교류하는 언택트 시대가 온 걸 보면 변화란 누구도 예측할 수 없는 일이기도 하다.

한 쪽 문이 닫히면 다른 쪽 문이 열린다

마음을 비우고 나니 출근길이 조금 홀가분해졌다. 기업에서 일한다는 것은 각오한 것보다 훨씬 더 힘든 일이었다. 해를 거듭할수록 내가 하는 결정과 추진하는 일들에 대한 무게로 매일 아침 인화원을 향한 발걸음이 무거웠다. 나도 모르게 자신감을 많이 잃은 상태였다.

'기업은 시작했으면 끝을 내고 결과에 대한 책임을 지는 곳이다.'

기업에서 일하겠다고 마음먹었을 때 나도 모르고 있었던 숨겨진 열정을 자극했던 이 문장이 머릿속을 내내 맴돌았다. 결코 쉬운 일이 아님을 절감하면서도 실패를 인정하기에는 아쉬움이 컸다. 그러나 이런 투정을 부릴 여지도 없이 내가 처한 현실은 마치 가시방석 위에 앉아 있는 것 같은 상황이었다. 나가라는 사람은 없으나 더 이상 버티기 어려운 심정이었다. 언제든 떠나야 하면 떠나리라 마음을 먹고 인화원을 둘러보니 그제야 아름다운 풍광이 눈에 들어왔다.

인화원 캠퍼스는 무척 아름다운 곳이다. 우거진 나무 사이로 오랜 시간의 흔적이 묻어난 청동 지붕을 얹은 이삼 층의 낮은 벽돌 건물이 여기저기 자리하고 있다. 수양버들이 늘어지고 잉어가 유유히 헤엄치는 커다란 연못이 두 개나 있고 온갖 나무와 꽃밭이 단아한 정원처럼 자연스럽게 자리를 잡고 있다. 거목들이 아치 형태로 늘어선 고즈넉한 산책길을 걷다 보면 나도 모르게 잠시 세상 일을 잊고 조용히 성찰하게 된다.

인화원을 먼발치에서 바라보면 자연 그대로의 능선 속에 건물들이 자연스럽게 안겨 있는 형상이다. 처음 인화원을 설계하고 지을 때 그룹의 어른들이 준 지침은 자연을 거스르지 말라는 것과 교육을 열심히 받고 그간 소홀했던 자신을 돌아보며 재충전하고 가는 곳으로 만들라는 것이었다. 여기저기 흩어져 있는 교육장을 찾아다니려면 자연스레 걸으며 많은 생각과 성찰을 하게 된다.

마음을 비우고 나니 이제야 이 모든 풍광이 내 눈에 그리고 마음에 들어오는 것 같았다. 이렇게 아름다운 곳을 이제는 떠나야 하면 떠나리……

그렇게 온 힘을 다해 최선의 노력으로 만든 사이버 아카데미가 애물단지가 되어 나를 짓누르고 있을 때 나에겐 뜻하지 않은 일이 일어났다. 이제 놓아야겠다 마음먹으니 다시 내 인생의 새로운 장이 펼쳐졌다.

일로 성장하는
사람이 되려면

1995년 9월에 부장으로 입사한 나는 나름대로 열심히 적응하고 배우느라 밤낮없이 뛰어다녔다. 하지만 아직 편안하게 안착했다는 느낌은 들지 않았다. 혁신의 도구가 되리라 확신하며 개발한 사이버 아카데미가 제법 이슈가 되어 사람들 입에 오르내리긴 했으나 아직 성공이라 속단하기는 어려웠다. 당시 새로운 패러다임인 '온라인 교육'이라는 것이 안정적으로 자리 잡기 위해서는 오랜 시간과 시행착오를 거쳐야만 했다. 그럼에도 외환 위기로 벌어진 여러 일들 속에 용감무쌍했던 나의 도전에 대해 개인적으로는 값비싼 교훈을 얻었다. 기업에서 진정한 성과를 내고 변화를 불러일으킨다는 것이 결코 쉽지 않은 일임을 다시 한 번 깨달았다.

어떻게 하는 것이 '잘하는' 것일까

당시 한국의 주요 대기업들은 '글로벌' 기업으로 부상하며 성장하고 있었다. 성장의 원동력은 한국 사람들의 '하면 된다'는 도전정신과 끊임없이 배우며 노력하는 부지런함이었다.

한국 기업들은 글로벌 기업으로 도약하기 위해 글로벌 유수 기업으로부터 배움을 얻겠다는 의지가 강했다. 자연히 벤치마킹을 위해 해외 기업으로 출장을 보내는 일이 잦았는데, 주로 내가 그 일을 맡게 되었다. 수많은 기업을 눈으로 직접 보고 돌아와 벤치마킹할 내용들을 정리해 보고하고 발표도 했다. 때로는 각 계열사와 공유하는 일도 맡았다. 매우 의미 있고 중요한 일이었다. 그러나 언제나 돌아오는 비행기 안에서는 '우리에게 맞는 방식을 우리 스스로 찾아야 하지 않나.' 하는 생각이 강하게 들었다. 아직 그것이 무엇인지 단박에 내놓을 수 없다는 사실이 답답해 긴 시간 고민에 잠기기도 했다.

잦은 출장과 현재 우리 기업의 상황에서 앞으로 나아가야 할 방향에 대한 여러 고민들이 몸과 마음을 꽉 채우고 있었지만 정작 진짜 어려운 것은 일 때문만은 아니었다. 여전히 내가 있을 곳에 제대로 자리를 잡지 못했다는 생각을 떨쳐버릴 수가 없었다. '여자이기 때문에?', '경력이 없어서?', '박사여서?'……. 실은 이 모든 것들이 나를 더욱 짓누르고 있었다.

이런 내 심리적인 고충과는 상관없이 당시 인화원의 차동세 원장님(2019년에 작고하셨다.)은 나를 매우 긍정적으로 평가했다. 교수가 되겠다던 사람이 방향을 바꿔 기업에 들어와 최대한 빨리 적응하기 위해 노력하는 모습, 배운 것을 토대로 기업에 쓸모 있는 사람이 되기 위해 고군분투하는 모습이 가상하다 여겼던 걸까. 1998년 말쯤 원장님은 나를 연못가로 조용히 불렀다. 원장님은 영문을 몰라 긴장하는 내 얼굴을 보며 말했다.

"윤 부장을 임원 대상으로 추천하면 어떨까 생각해봤어."

'임원이라니요?'

나는 아무런 대답도 하지 못하고 잠시 멍하니 있었다. 그동안 일하느라 정신이 없어 생각도 못 해볼 일이었지만 한가했더라도 그런 일은 상상조차 하지 못했다. 다른 사람이라면 기뻤을까. 빈말이라도 충분히 심장이 두근거릴 만한 제안일 것이다. 그런데 내 얼굴에는 약간의 웃음기도 올라오지 않았다. 대신 덜컥, 두려움이 차올랐다.

"원장님께서 저를 생각해주시는 것만으로도 분에 넘치게 감사합니다. 하지만 저는 LG에서 오래오래 일하고 싶습니다. 저는 계속 일로 성장하고 싶습니다. 지금 임원이 된다면 아마 오래 일을 못 할 수도 있을 것 같습니다."

나는 최대한 차분히 있는 그대로 속마음을 전달했다. 아마 원장님은 내 말의 의미를 훤히 꿰뚫었을 것이다. 내 말을 듣고 한참 생각에 잠겨 있던 원장님은 이렇게 말했다.

"윤 부장 생각이 더 현명할 수도 있지……. 조금 더 생각을 해보자고."

원장님이 일단 그 생각을 거두어준다니 오히려 '후유' 하고 가슴을 쓸어내렸다.

나는 여전히 회사 안에서 낯선 존재였다. 입사한 지 여러 해가 지났지만 그룹에는 고작 서너 명의 여성 부장이 있었다. 게다가 나는 동고동락한 현업 경험도 없이 뒤늦게 외부에서 날아든 이질적인 존재였다. 그런 내가 여성 임원이 된다면 곱지 않은 시선들을 어떻게 감당하겠는가. 그동안 인화원 직원들이나 계열사 관련된 직원들과도 꽤 가까워지긴 했다. 그러나 여전히 나는 그들에게 먼 존재였다. 그런 내가 임원이라니…….

당시 LG에는 여성 임원이 한 명도 없었다. 어떤 기업에서든 여성이 임원이 될 수 있다고 생각하는 사람도 거의 없을 시절이었다. 난 그저 묵묵히 최선을 다해 열심히 일했다. 한편으로는 언제든 떠나면 떠난다는 생각으로 마음을 비우고 사직서를 품은 채.

그룹 최초 여성 임원이 되다

1999년 12월 16일, 그룹으로부터 임원이 되었다고 연락이 왔다. 여러 매체에서 인터뷰 요청이 있을 테니 준비하라고 했다. 머릿속이 새하얘졌다. 나는 여전히 진흙 속에서 헤매고 있는데 누군가 나에게 연꽃을 안겨준 기분이었다. 원장님은 이런 결정에 대한 그간의 경위를 설명해주었다.

그룹 인사팀에서 내년을 위한 주요한 인사 결정을 정리해 구본무 회장님께 보고를 드렸더니 회장님은 이렇게 말했다고 한다.

"이제 21세기가 되는데 여성 임원이 아직도 못 나옵니까?"

인사팀에서는 생각지도 않은 일이었을 것이다. 최고 경영자가 그런 언급을 했다는 것은 '아직도 준비가 안 되었느냐'는 지적일 수도 있다. 인사팀은 빠르게 움직였다. 당연히 원장님은 전갈을 받고 나에 대한 서류를 정성스레 준비해 전달했을 것이다. 그룹에서 세 명의 여성 후보자가 선정되었고 내가 1순위로 보고되었다.

인사팀에서 나에 대해 보고할 때 회장님으로부터 이런 질문을 받았다고 한다.

"입사하고 뭐 특별히 한 일이 있습니까?"

"사이버 아카데미를 개발했습니다."

"그게 뭔가요?"

"일하면서 업무 현장을 떠나지 않고 자기계발을 할 수 있는 매우 미래지향적인 시스템입니다."

"아, 그러면 딱 됐네요!"

그렇게 나는 그룹 최초의 여성 임원이 되었다.

수많은 매체에서 인터뷰 요청이 오고 각 일간지에 기사가 났다. 기사마다 사이버 아카데미를 개발한 업적이 임원이 되는 공로로 인정받았다는 내용이 빠짐없이 소개되었다. 여기저기 인사하러 다니기 바빴다. 내 사무실이 생겼고 꽃 화분이 넘쳐났다. 지인들로부터 걸려오는 전화로 정신을 차릴 수가 없었다.

모두가 축제 분위기였지만 정작 나에겐 혼자 조용히 생각을 정리할 시간이 필요했다. 21세기에 대한민국 첫 여성 임원이라니. 늦어도 너무 늦었다. 어떤 이는 경영주의 가족이 아닌 전문인으로 여성 임원이 됐다는 것이 의미 있는 일이라고도 했다. 주위의 많은 사람들이 진심으로 축하하고 격려해주었다. 모든 게 생각지도 못한 사이 벌어졌다. 모든 축하에 감사하고 싶었고 과분한 자리에 열 번이라도 인사를 하고 싶었다. 하지만 나의 어깨에는 커다란 무언가가 올려진 듯했다. 책임이 막중하다. 자리가 높아진다는 건 그만큼 책임져야 할 일이 많다는 뜻이기도 했다. 나는 어떤 자세로 내 일에 임해야 할까. 수만 가지 생각이 머릿속을 맴돌았다. 사람들의 따가운 눈초리와 살얼음판을 걷듯 살벌한 시선 속에서 사표를 품고 다니던 내가 여성 임원이 되다니. 이젠 그만두려 해도 그럴 수가 없는 상황이 되었다.

생각을 채 정리하기도 전에 여러 인터뷰가 쏟아졌다. 나는 속에서 들끓고 있던 많은 생각을 뒤로 한 채 최대한 침착하고 담담한 어조로 인터뷰에 응했다.

"기쁜 만큼 부담도 많습니다. 그러나 많은 여성 직원들의 모델이 되도록 노력하고 싶습니다. 저를 남성의 관점에서 여성으로 보지 말고 오직 능력과 성과로 평가해주길 기대하고 있습니다. 임직원들을 전문화된 인재로 육성하는 데 기여할 것이며 외국 프로그램을 모방하는 교육에서 탈피해 그룹 문화에 맞는 교육 프로그램을 만들고 싶습니다."

이것이 진심이었다. 마음속에 들끓는 여러 걱정과 두려움도 사실이었지만 한 번도 꿈꿔보지 않았던 길로 나를 이끄는 힘과 주어진 자리에 대해 '잘 해내고 싶다'는 열정이 나를 채우고 있었다. 이제 잘하는 일만 남았다. 또다시 좌절의 시간이 올 수도 있다. 나를 향한 따가운 시선은 더욱 거세질지도 모른다. 하지만 잘하고 싶다. 아니, 잘할 것이다. 그리고 나는 온 힘을 다해 고민했다.

'어떻게 하는 것이 잘하는 것일까?'

감정에 휘둘려
페이스를 잃지 마라

다시 새로운 도전이 시작되었다. 기업에서 여성 임원이 된다는 것은 당사자인 나에게도 낯선 일이었지만 여성 임원과 함께 일한다는 것은 기업 내 남성들에게도 익숙하지 않은 일이었다. 당시 '21세기라면 당연히 여성 임원도 나와야 한다'는 목소리가 높아지고 있었지만 현실은 거기에 한참 못 미치는 상황이었다. 그러나 언제나 변화는 이렇게 시작된다. 좋든 싫든, 편하든 불편하든 변화를 받아들이며 성장하고 발전한다.

'최초'라는 꼬리표를 달고

　최초의 여성 임원이라는 화려한 시작의 부산스러움이 가라앉고 본격적으로 임원 생활이 시작되었다. 어떤 조직에서든 리더에게는 막중한 책임이 따른다. 더구나 여태껏 존재하지 않았던 여성 임원으로서 누구도 가지 않았던 길을 가는 일은 몹시 경외롭게 느껴지기도 했다.

　새로운 존재가 나타나거나 갑작스러운 변화에 직면한 사람들의 시선은 항상 극명하게 두 부류로 나뉜다. 적당히 중립을 지키는 사람들도 있으나 그런 사람들의 반응은 대체로 잘 드러나지 않는다. 그래서 부정적이거나 긍정적인 양 끝에 있는 사람들의 반응이나 표현은 더 두드러져 눈에 띈다.

　임원 발표 후 진심으로 격려하고 언제든 지원하겠다며 축하해주는 사람들이 매우 많았다. 당시로서는 파격적인 인사에 긍정적으로 반응하는 이들이 있어 다행이었다. 그러나 이 상황을 어떻게 받아들여야 할지 몰라 나를 곱지 않은 불편한 시선으로 바라보는 사람들도 꽤 있었다. 심지어 얼마나 잘하나 두고 보자는 식의 눈길을 보내기도 했다. 물론 속내를 노골적으로 드러내지는 않았으나 종종 뜻하지 않은 곳에서 뜻하지 않은 모습으로 속내를 드러내는 사람도 있었다.

　'여자가 임원이라니? 여성 과장도 많지 않은데 부장도 아니고 임

원이라고? 여자에게 지시를 받고 일해야 해?'

 불편하고 싫다, 받아들이기 어렵다며 나와 일하기도 전에 배타적으로 행동하는 이들도 있었다. 그들은 표현 또한 매우 원초적이었다.

 임원이 되고 보니 크고 작은 미팅에 참석하는 일이 잦았다. 물론 새로운 미팅에 갈 때마다 나는 최초로 참석하는 '여성'이었다.
 임원이 되고 얼마 지나지 않아 주요 계열사의 최고 경영진이 참가하는 리더십 워크숍을 진행하게 됐다. 이 프로그램은 인화원이 특별히 신경을 쓰는 중요한 프로그램이었다. 당연히 최고 경영진의 워크숍을 여성 임원이 진행한 적이 없었다. 그리고 대부분의 임원들은 나보다 한참 나이가 많았다.
 첫날 첫 세션을 무사히 마치고 채 숨을 고르기도 전에 연세가 지긋하신 참가자 한 분이 검지를 안으로 구부려 나에게 이리 오라고 손짓하는 모습이 눈에 들어왔다. 몹시 당황스러웠지만 일단 나를 부르는 임원 쪽으로 다가갔다. 그 임원은 잔뜩 찌푸린 얼굴로 "여자가 아침부터 웬 목청이 그렇게 크고 높아!" 하고 소리쳤다. 호통을 듣는 순간 잠시 머리가 하얘졌다. 호통도 호통이지만 손짓이 몹시 거슬렸다. 적잖이 자존심이 상했다.
 "아…… 네……."
 쉬는 시간 내내 마음이 몹시 산란했다. 그러다 문득 정신이 들었다. 지금이 어느 때인가? 인화원의 가장 중요한 프로그램을 진행 중인데 어깨에 걸머진 무거운 책임을 생각해야지, 우선 다음 세션에 집중하자. 휴식 시간이 거의 끝나가는 것을 지켜보며 마음을 다잡았다.

잠시 후 두 번째 세션도 무사히 마쳤다. 나는 나에게 호통을 쳤던 임원에게 다시 갔다.

"목소리 톤을 좀 낮췄는데 괜찮으셨나요?"

살짝 미소 지으며 물었다.

"음, 음, 훨씬 낫네."

뜻하지 않은 상황에 자존심이 상했지만 혼자 속으로 감정을 누르며 수동적으로 반응하고 싶지 않았다. 오히려 적극적으로 다가가 국면을 전환시키고 싶었다. 그렇게 하고 나니 오히려 심리적으로 안정을 찾은 느낌이 들었다.

이후의 프로그램도 침착하게 잘 진행하여 리더십 워크숍을 성공적으로 끝낼 수 있었다. 프로그램이 끝날 때는 진행을 아주 잘했다며 우레와 같은 박수를 받았다. 이를 계기로 10년에 걸쳐 회장님, 사장단, 임원들이 한 달에 한 번씩 모이는 임원 세미나의 사회를 보게 되었다.

즉각 반응하지 않는 선택의 지혜

그 후에도 이와 비슷한 일들은 곳곳에서 일어나곤 했다. 진보적이냐 보수적이냐의 차원을 논하기 전, 문화적으로 처음 겪는 일로 인한 반응들이었다. 대체로 원초적인 반응을 여과 없이 온몸으로 뿜어내는 배타성의 강도는 매우 압도적이었다고 기억한다. 나는 그때마다 은근한 미소로, 때로는 무언의 강한 눈빛으로, 때로는 나지막하지만 강한 어조로 막아냈다.

후배들에게 이런 일도 있었다고 웃으며 얘기하면 다들 깜짝 놀라곤 한다.

"항상 최초라는 수식어가 붙어서 꽃길만 걸으신 줄 알았어요."

절대로 그렇지 않았다. 처음 걷는 길이어서 더 척박했다.

후배들이 내 이야기에 화들짝 놀란다는 것은 요즘은 흔치 않은 일이라는 반증이다. 매우 반가운 일이다. 분명한 것은 그런 상황 속에서도 긍정적인 눈으로 가까이서 혹은 멀리서 나를 따뜻하게 격려하고 지원해준 분들이 있었고 그들 덕분에 나는 무한 성장을 할 수 있었다는 사실이다. 간혹 무례하고 지나친 일들도 있었지만 결국 나에게 영향을 주지는 못했다. 오히려 이런 일들로 인해 강도 높은 훈련을 하게 된 효과도 있었다고 본다.

지금 생각해도 가장 잘한 것은 그런 일들로 인해 감정에 휘둘려 내 페이스를 잃지 않았다는 점이다. 막중한 책임이 아니었다면 내 감정대로 반응했을 것이다. 그러나 전에는 없던 존재인 최초의 여성 임원이라는 위치로 인해 나는 한 번 더 생각하고 행동해야 했고 그 과정을 통해 새롭게 얻는 것들이 많았다. 말하자면 나는 '즉각 반응하지 않는 선택의 지혜'를 경험할 수 있었고 시간이 갈수록 감정 컨트롤을 더 능숙하게 할 수 있었다.

이런 일들을 통해 관습에 젖은 그들에게도 새로운 관점으로 생각할 기회를 주었다고 본다. 쉽게 받아들이고 싶지 않은 여성과의 업무를 어떻게 하느냐는 그들도 똑같이 생각해야 할 일이었을 테니 말이다. 새로운 상황에 그들도 변화하고 적응해야 하고 서로 상대방의 입장에서 생각할 수 있어야 한다.

감정을 컨트롤했다면 다음은 앞으로 이런 일들을 어떻게 소화해 나아갈 것인가가 중요했다. 나는 생각했다.

'철저하게 받아들이는 나의 몫이다.'

사회에는 많은 종류의 소수 그룹이 있다. 역사적으로 볼 때 '여성'에 대한 인식의 변화는 가장 더디다고 볼 수 있다. 가장 선진국이라고 자처하는 미국에서도 흑인 대통령은 나왔어도 아직 여성 대통령은 나오지 않았다.

스위스가 여성도 투표할 수 있는 참정권을 1971년에나 부여했다는 사실을 알게 되었을 때 나는 경악을 금치 못했다. 1971년이면 내가 고등학생일 때인데 안정적이고 앞서가는 나라인 스위스가 그때까지도 여성에게 투표권을 주지 않았다는 사실은 믿기 어려웠다.

이런 것을 보면 내가 이 시대에 여성으로서 겪는, 그것도 '최초'라는 수식어가 붙은 여성으로서 겪는 일에 의연하지 않을 수 없었다.

앞장서서 새로운 길을 걸어가는 사람이니 결코 내 감정대로 가볍게 지나갈 수 없었다. 아무리 작은 일이라도 한 번 더 깊이 생각해보고 움직여야 했고 그 결과에 대해 준비하고 대비해야 했다.

이런 태도로 매사에 임하자 항상 결과는 더 좋은 쪽이었고 불필요한 문제들도 점점 줄어들었다. 무례한 이들에게 일차적인 강한 반응을 해버리면 당장 속은 후련할지 모르지만 언젠가는 더 화를 불러일으키고 연속적인 트러블을 만든다. 이런 일은 특히 약자에게 더 쉽게 일어난다. 이런 일을 자주 당하면 걷잡을 수 없이 피해의식에 휩싸이게 되고 헤어 나오기 어렵다. 점점 자신감을 잃고 심지어 자신을 잃어버릴 수도 있다.

세상이 아무리 험난해도 그 세상을 헤쳐 나가는 건 바로 '나 자신'이다. 때로는 소수인 '내'가 새로운 세상을 만들어가기도 한다.

가진 것에 집중할 때 인생은 더 단단해진다

직장 생활을 하며 부당함을 느끼는 일은 여성에게도 남성에게도 일어난다. 살면서 끊임없이 일어날 수 있는 부당한 일들에 흔들려서는 안 된다. 이런 일들을 일거에 제거하려 해서도 안 된다. 이런 일들은 투쟁을 해도 쉽게 제거되지 않는다. 신중하게 생각해 현명한 방법으로 대처해야 한다.

내 경험에 의하면 이런 상황에서는 부당한 일에 매달리기보다 지금 나에게 가장 중요한 일에 집중하는 것이 현명하다. 이런 자세는 예상하지 못했던 열매를 맺게 되고 그 성취감이 부당한 일로 인한 상처를 치유해준다. 상처가 치유되면 나도 모르는 사이 또 다른 부당한 일에 맞서는 용기를 갖게 된다.

특히 조직 내에서 여성에게 불분명하고 불투명하게 느껴지는 일들은 현실적으로 대부분 다수 그룹인 남성들에 의해 행해진다. 그러나 이런 일들을 여성과 남성의 대척점으로 몰고 가면 소수 그룹인 여성에게 절대적으로 불리하다. 아무리 정당하고 옳은 소리를 해도 지원군을 얻기 어렵다. 여성은 아직도 매우 소수라는 점을 잊어서는 안 된다. 많은 여성이 이런 일을 겪을 때 분노하고 감정이 끓어올라 자신의 페이스를 잃는 경우가 많다. 여성의 감성은 매우 유용하고 훌륭한 자원이 될 수 있지만 여성의 감정은 때로는 매우 위험하기도 하다.

우리 사회에서는 '감정적'이라는 것 자체가 부정적인 뉘앙스를 갖고 있다. 여성일수록 불편하거나 부당한 일에 이성적으로 행동해야 한다. 나에게 더 유리한 결과를 위해 감정을 다스리고 조급해하지 말고 더 현명하게 행동해야 한다. 내 경험에 의하면 여성이 섣부르게 행동한 결과는 남성이 섣부르게 행동한 결과보다 훨씬 더 혹독했다. 여성의 순수함은 훌륭한 무기가 될 수 있지만 여성의 순진함은 결코 무기가 될 수 없다. 한 번에 잘되지 않으면 연습하고 또 연습해야 한다.

피해보지 않는 여성을 넘어 큰 그릇을 가진 여성으로

　임원이 되니 일의 차원이 달라졌다. 내가 직접 해야 하는 일은 훨씬 줄었다. 반면 의사결정을 해야 하는 일은 훨씬 많아졌다. 누군가는 경영자란 '다른 사람을 통해 목표를 수행하는 사람'이라고 정의했다. 이를 잘 알고 있음에도 내가 직접 해버리면 수월할 것 같다는 생각이 불쑥불쑥 들기도 했다. 차츰 직접 뛰어들어 일에 매달리기보다 곰곰이 생각해보고 결정을 내려야 하는 순간들이 많아졌다. 달라진 역할에 열심히 적응하며 임원 생활 첫해를 넘겼다.
　그해 말에는 내년을 위한 조직 개편이 있었는데 발표된 조직 개편 내용을 보고 나는 깜짝 놀랐다. 그동안 논의되었던 내용과 많이 달랐다. 특히 내가 맡은 부분이 그랬다. 내가 관리해야 할 조직은 두 팀이었다. 성격도 다르고 규모도 작은 팀이었다. 게다가 사무실은 여의도 본사로 배치되었다. 인화원 임원의 사무실이 인화원이 아닌 곳에 배치가 된 것이다.
　인화원은 본사에서 회의가 있거나 각 계열사를 방문해야 할 때를 위해 여의도 본사에 간이 연락사무소 같은 작은 공간을 두고 있었다. 그러나 인화원의 주요 업무는 당연히 인화원 안에서 진행된다. 경영회의, 인사위원회를 비롯해 경영의 현안을 놓고 긴급회의도 수시로 한다. 그런데 인화원의 임원이 본사에 있지 않고 간이 사무소에 있다는 것은 누가 보아도 외곽으로 내쳐진 느낌을 받을 수밖에 없었다. 개편된 조직도와 사무실 배치도를 보는 순간 매우 굴욕적이고 수치스러웠다.

'그만두라는 말인가?'

어찌해서 이런 결정을 했는지 이해하기 어려웠다. 나는 이제 막 임원으로 선임된 주니어 임원이니 윗선에서 나도 모르는 논의가 있었을 수도 있다. 그런데 무슨 이유로? 내가 일 년간 보여준 역량이 부족했나. 그럴 수도 있겠지. 그렇다 하더라도 임원 사무실을 인화원이 아닌 곳으로 배정할 일인가. 성과가 부족했다면 다시 기회를 주고 지켜봐야 하지 않을까. 인화원의 어떤 직원이 보아도 언뜻 이해하기 어려운 이런 결정은 도대체 무엇인가.

누가 이런 아이디어를 냈는지 혹은 누가 동조를 했는지 아니면 모두의 합의였는지는 그렇게 중요하지 않았다. 생각이 꼬리를 물고 멈추지 않았다. 나의 결론은 어떤 배경에서 이런 아이디어가 나왔건 그것을 마지막으로 승인해준 원장님이 이해가 되지 않았다. 아니 매우 섭섭했다. 내가 임원이 되길 바랐고 적극적으로 지원해준 분이 아닌가. 내가 그렇게 실망스러웠을까. 한마디 사전 설명도 없이 일방적으로 결정된 조직 개편 앞에 내 마음은 한없이 무너져 내렸다.

이런 생각이 드니 출근하기가 너무 힘들었다. 지난 4년간 기업에 들어와 적응하느라 힘들었던 일들과는 전혀 차원이 다른 무거움이었다. 그즈음 원장님이 나를 조용히 불렀다. 원장님의 설명은 이랬다.

"윤 상무가 받아들이기에는 매우 부담스러울 조직 개편안이 올라

왔는데 그냥 승인했어. 내 나름의 이유가 있었다네. 윤 상무는 앞으로 길게 보고 성장해야 하는데 남자들이 우글우글한 정글에서 살아남으려면 약점이 있으면 어려워. 윤 상무는 여성인 데다 교육 전공에 현업 경험도 적어서 경영을 모른다는 약점이 두고두고 윤 상무의 발목을 잡을 거야. 서울 사무소로 배치한 안을 승인한 이유는 서울 사무소에서 근무하면서 거리가 가까운 대학에서 MBA를 이수하라는 뜻이야. 복잡하게 생각하지 말고 열심히 배우도록 해."

원장님의 설명을 듣고 보니 잠시나마 섭섭해 했던 나 자신이 부끄럽고 깊은 배려에 오히려 감사했다. 그러나 원장님의 설명만으로는 풀리지 않는 석연치 않은 마음은 여전히 남아 있었다.

아마도 내 입장에서 투명하게 이해가 되지 않고 때로는 실체를 알기 어려운 이런 일들은 앞으로 끊임없이 고개를 들이밀고 들어올 복병처럼 여겨졌다. 일단 나는 이런 불분명한 일에 오래 매달리지 않기로 했다. 이미 일어난 일을 돌아보고 곱씹기보다는 앞을 바라보자는 마음을 굳게 먹고 열심히 공부해야겠다고 생각했다.

그러나 원장님의 깊은 배려에 뭔가 더 해야 한다는 각오를 다지기도 전에 뜻하지 않은 일이 벌어졌다. 원장님이 갑자기 퇴임하게 된 것이다. 원장님은 그동안 인화원 직원들의 역량 제고를 위한 도전도 많이 했고 지원을 아끼지 않았던 일들이 좋은 추억으로 남을 것이라는 퇴임사를 남기고 선선히 떠났다. 열심히 해보려던 MBA는 없던 일이 되었다.

결국 여의도 본사로 매일 출근하며 경영회의가 있을 때마다 외부 방문객처럼 인화원으로 이동하는 생활이 시작되었다. 나는 내게 없는 것에 마음을 빼앗기기보다 가진 것에 집중하기로 했다. 여의도 본사로 출근하는 일이 가져다줄 이점이 뭘까 생각했다. 여의도 본사에는 주요 계열사들이 층마다 자리하고 있었다. 오며 가며 수많은 직원들과 임원들을 자주 마주할 수 있었다. 나는 시간 날 때마다 임원들을 찾아가서 만나며 각 사의 사업 이야기를 듣고 비즈니스 현장을 피부로 느낄 수 있었다. 어쩌면 MBA 못지않은 현장교육이었다.

누구나 환영해주었고 기꺼이 나누어주었다. 이전에 없었던 여성 임원이라는 점과 적극적으로 소통하려는 내 모습에 열심히 배우려는 의지가 가상하다고 느꼈던 것 같다. 그런 기회에 한 가지를 더했다. 인화원에 대해 그리고 교육에 대한 인식 제고를 위해 열심히 설파하고 다녔다. 그들이 인화원에 무엇을 원하는지도 충분히 들을 수 있었다. 이 모든 것은 임원 생활 내내 새로운 아이디어를 내거나 어려운 도전을 해야 할 때 더할 수 없이 훌륭한 자원이 되었다.

가진 것에 더 집중한 결과

나는 굴욕감으로 시작됐던 일이 나에게 새로운 역량을 키우는 기회가 되는 일을 겪으며 더욱 강해질 수 있었다. 아마 세상 어디에선가 다른 사람들도 수많은 위기에 대처하고 굴욕감을 참아내며 올라갔을 것이다. 돌이켜보면 그런 일을 겪지 않고 그야말로 편안한 꽃길만 걸었다면 일로 승부를 보겠다는 각오를 강하게 다지기는 쉽지 않았을 것 같다. 그때의 분위기는 내가 임원 생활을 오래 하리라고는 생각하기 어려웠다. 여성 임원을 상징적인 존재로 여기는 분위기로 인해 나 자신조차도 4년 정도가 기업에서 일할 수 있는 최대치가 아닐까 생각했다.

그러나 이 일을 겪으며 생각이 바뀌었다. 내년에 그만두어도 좋다. 몇 년을 하더라도 후회 없이 오로지 일에 매달리고 일로 승부를 보리라. 결심하고 또 결심했다. 이후 15년간 임원 생활을 했다. 돌아보니 그때는 그렇게 불합리하고 굴욕적이었던 일이 오히려 나에게 주어진 기회였음을 깨닫고 감사하게 느껴졌다.

나는 이런 일을 겪으며 남성들의 사고방식과 성향, 행동하는 패턴 등을 깊이 들여다보게 되었다. 그들은 여성과는 매우 다른 점이 많았다. 옳고 그름 이전에 일단 매우 달랐다. 또한 남성들의 사고방식에는 남성 위주의 오랜 역사 속에 관습으로 굳어진 면이 많았다. 여성에게는 매우 불편하고 부당한 일들이 남성이 특별히 여성을 무시하거나 적대적이어서가 아니라 관습적으로 행동하다 보니 벌어진 일들이기도 했다.

좋든 싫든 이것을 있는 그대로 받아들일 때 나의 감정을 조절할 수 있다. 감정이 앞서면 자존심이 상하고 억울하다는 생각이 든다. 억울하다고 느끼면 이성을 잃고 현명한 결정을 하기 어렵다. 상황이 어떻든 감정을 잘 다스려야 지혜를 얻을 수 있다. 나 역시 감정을 다스리니 나의 주관보다 객관성을 바탕으로 논리를 펴거나 상대방을 설득할 수 있었다. 또한 어떤 방향이 가장 현명한 결정일지 집중해 올바른 판단을 할 수 있었다.

이렇게 하여 좋은 결과나 반응을 얻으면 자신감이 생긴다. 그리고 비로소 여유를 갖게 된다. 이 여유가 나를 더 큰 사람으로 성장하게 만든다. 이쯤 되면 여성 남성의 문제를 넘어 훨씬 자유로워지고 세상 돌아가는 많은 일에 대해 통찰할 수 있는 그릇이 생긴다. 그것이 비록 부조리한 일이어도.

나는 누구보다 큰 그릇이 되고 싶었다. 남성 위주의 사회에서 휘둘리거나 피해의식을 갖고 대처하고 싶지 않았다. 남성과 겨루며 남성만큼 하는 것을 성공이라 생각하고 싶지 않았다. 그것이 내가 여성으로서 승리하는 길이자 나의 꿈을 펼칠 수 있는 길이었다.

제 2 장

무한한 가능성

진정한 나를 찾아 가능성의 문을 연다

늦은 시작이란 없다. 인간은 누구나 무한한 가능성을 가지고 있다. 아무도 이의제기를 하지 않을 만큼 명백한 개념이지만 일상에서 그런 믿음을 온전히 실현하기는 쉽지 않다.
무한한 가능성은 10대 혹은 20대에나 꿈꿔볼 일이라고 생각하기 쉽다. 하지만 나는 나이, 성별, 환경에 상관없이 자신의 가능성에 대해 한계를 두지 말라고 말하고 싶다.
무한한 가능성은 나 자신에게서 나온다. 내가 진정으로 원하는 것이 무엇인지, 어떤 삶을 살고 싶은지, 무엇을 이루고 싶은지, 진정한 나를 찾으면 무한한 가능성의 문을 열고 나아갈 수 있다.

모든 가능성은
나를 믿는 데서 시작된다

무엇이 지금의 나로 이끌었느냐고 누군가 묻는다면 30대 초반의 나를 떠올릴 듯하다. 당시 시대 분위기로서는 다소 늦은 나이에 결혼했지만 이후의 삶도 별다를 것 없이 흘러가리라 생각했다. 남편의 학업 때문에 미국행 비행기를 탔고 그때의 나는 이곳에서 앞으로 몇 년간 어떻게 시간을 보내야 할지 고민하는 '유학생의 아내'였다.

거창한 목표 따윈 없었다. 별다를 것 없는 일상의 무료함 속에서 도전하고 싶은 나의 성격에 성실함이 더해져 뜻밖의 기회를 만들었고 기업에서의 커리어로 이어지는 작은 도전이 시작되었다.

옥수수밭 끝에서 시작된 작은 도전

가도 가도 옥수수밭이었다. 내 키보다 더 큰 옥수수들이 쭉쭉 자라고 있는 옥수수밭이 도로 양옆으로 끝도 없이 펼쳐지고 있었다. 가끔 집들이 보이다가 또다시 옥수수밭 속으로 빨려 들어가는 듯했다.
'여기서 뭘 하지?'
'뭐 고작해야 4년 정도일 텐데…….'
나는 마음속으로 중얼거렸다.

남편과 나는 미국 에임스Ames에 있는 아이오와주립대학교를 향해 차를 달리고 있었다. 대부분의 유학생들이 대학원으로 진학하지만 70년대 운동권 출신으로 한국에서 대학을 졸업하지 못한 남편은 학부생으로 유학 생활을 시작했다.
우리는 남편이 석사 과정을 끝마칠 무렵 결혼했다. 열심히 공부하면 4년 안에는 박사학위를 딸 테니 그때를 생각하면 이 지루한 풍경도 참아낼 수 있을 것 같았다. 서울에서는 해보지 못한 전원생활을 해본다는 기분으로 즐겨도 되겠다 생각했던 것 같다. 뭐 4년 정도라면!

유학 생활이란 학위라는 명확한 목적을 달성해야 하는 유학생에게는 단조로움을 느낄 여유도 없이 바쁜 나날이겠지만 유학생의 배우자에게는 매우 지루한 시간일 수도 있다. 남편은 아침을 먹고 내가 싸준 도시락을 들고 학교에 가서 수업을 듣고 저녁이 되어서야 집에 왔다. 저녁을 먹은 후에는 잠시 쉬다가 곧바로 도서관으로 향했고 밤늦게야 집으로 돌아왔다.

나는 남편이 유학생들의 천편일률적인 일상을 살아내는 동안 유학생의 아내가 할 수 있는 활동을 찾아 여기저기 기웃거렸다. 외국인을 위한 영어 클래스, 영어로 하는 성경 공부, 살림꾼 미국 아주머니가 여는 쿠킹 클래스……. 초기 정착에 필요한 팁도 얻고 나름 재미있었다. 하지만 어찌된 일인지 마음 한구석은 늘 채워지지 않는 듯했다. 그때는 내가 뚜렷한 목적 없는 취미 생활에 만족하는 스타일이 아니라는 걸 나 자신도 잘 몰랐던 것 같다.

단조로운 일상에 한계를 느낄 때쯤 나는 수줍게 영어교육학과 사무실 문을 두드렸다. 심심하던 차에 대학 소개 책자를 꼼꼼하게 읽다보니 눈에 확 들어오는 대목이 있었다. 미국의 주립대학에서는 장학금을 받는 대학원생의 배우자에게 무료로 9학점을 이수할 수 있는 제도가 있다는 것이다. 게다가 청강생으로 9학점을 듣고 난 후 정규학생이 되면 학점을 그대로 인정받을 수도 있었다. 남편이 최소한 4~5년 안에는 공부를 끝내고 학위를 딸 테니 정규학생이 될 일은 없겠지만 밑져야 본전이라는 생각이 들었다. 이왕이면 영어를 배우고 싶었다. 몇 년을 살아도 영어가 특별히 늘 것 같지 않던 차에 공짜로 영어 공부나 해보자 싶었다. 한국에 돌아가 영어 학원 강사라도 하면 용돈 벌이도 되고 괜찮을 것 같았다. 우선 한 과목을 신청했다.

"A⁺?"

학기 말에 내 손에 쥐어진 성적표에는 A⁺라고 쓰여 있었다. 대학을 졸업하고 거의 10년 만에 하는 공부여서 그런지 수업이 재미있고 열심히 공부하기도 했다. 하지만 미국에서 부족한 영어 실력으로 한국어도 아닌 영어로 가르치는 수업을 들었는데 A⁺라니. 나는 정규 유학생도 아닌데 말이다. 성적표를 보며 내심 흐뭇해하고 있는데 갑자기 담당 교수님이 나를 불렀다. 긴장하며 교수실로 들어서자 담당 교수님인 에이브러햄 박사 Dr. Abraham는 활짝 웃으며 이렇게 말했다.

"공부에 소질이 있어 보이는데 계속 공부해보면 어때요? 내가 보기에 공부를 안 하면 무척 아까울 것 같아요."

"네…… 제가요?"

예상치 못한 제안에 얼떨떨했다. 사실 '한번 해봐?'라는 생각이 순간적으로 들기도 했다. 하지만 이 제안을 쉽게 결정할 수 없는 고민이 하나 있었다. 공부를 시작하자마자 임신을 했기 때문이다. 학기가 끝나면 아이 낳을 준비를 하리라 마음먹고 있었다. 약간 머리가 복잡하긴 했지만 교수님의 말에 이미 마음을 정해버렸던 것 같다. 칭찬은 고래도 춤추게 한다던가. 이 분이 하라면 해도 될 것 같았다.

나를 부른 에이브러햄 교수님은 연세가 지긋하고 군살 없는 마른 체형에 얼굴에 항상 미소를 머금고 계신 분이었다. 아이 다섯을 다 키워놓고 늦은 나이에 박사가 되었다고 한다. 내가 포기하지 않고 공부를 계속 할 수 있었던 건 나의 가능성을 발견해준 좋은 스승이 있었기에 가능한 일이었다.

다음 학기에는 배가 점점 더 불러오고 힘이 들겠지만 특별히 하는 일도 없이 심심하게 지내느니 뭐라도 하는 게 훨씬 남는 장사 같았다. 다음 학기에는 두 과목을 신청했다. 아이를 낳기 전에 특전인 9학점을 다 끝내고 싶었다.

막상 저지르고 나니 만만치 않았다. 배는 점점 불러오고 두 과목을 듣는 것은 한 과목을 들을 때와는 너무 달랐다. 수시로 도서관에 가고 리포트도 써야 하고 중고물품 판매 광고를 뒤적이다 적당한 물건이 있다 싶으면 달려가 아기 침대, 유모차, 육아에 필요한 물품들을 구하러 다니다 보니 각오한 것보다 훨씬 더 바쁜 나날이 이어졌다. 학기가 끝날 무렵에는 배가 너무 불러 앉아 있기도 어려웠다.

그렇게 두 번째 학기 종강일이 왔고 이번에도 에이브러햄 교수님이 나를 부르더니 정식 학생으로 등록하라고 했다. 내 마음도 그래야만 할 것 같았다.

이제 학교를 오가던 길에 보이던, 지루함의 상징처럼 느껴지던 옥수수 밭이 더 이상 눈에 들어오지 않았다.

유학생의 아내에서 대학원생으로

종강 후 5일 만에 딸을 낳았다.

너무나 신기하고 감사하고 또 감사한 마음이었다. 딸은 남편과 나의 생활을 완전히 바꾸어 놓았다. 수유를 하며 밤낮이 바뀐 딸의 시간에 맞추는 일은 더없이 고되었다. 임신이 안 되어 아이를 포기한 상태에서 기적처럼 생긴 아이였다. 석 달의 방학은 쏜살같이 흘러가고 있었고 나는 정규학생으로 등록할 준비를 방학 동안에 마쳐야 했다. 정규 대학원생이 되기 위해서는 TOEFL도 봐야 하고 GRE Graduate Record Examination(대학원 입학자격시험)도 봐야 했다. 보통은 한국에서 유학 준비를 하며 보는 시험이지만 나는 미국에서 두 테스트를 치러야 했다. 그런데 정작 가장 큰 고민은 학기가 시작되면 어린 딸을 어딘가에 맡겨야만 공부를 할 수 있다는 사실이었다.

개학하며 전쟁이 시작되었다. 학교에서 운영하는 육아시설을 이용할 수 있어 다행이었지만 아침마다 한바탕 소동을 치러야 했다. 딸은 좀처럼 내 품을 떠나려 하지 않았고 베이비시터가 딸을 빼앗아가듯이 떼어갈 때는 나도 딸도 눈물범벅이 됐다. 교실에 들어가 자리를 잡고 앉으면 어디선가 딸의 울음소리가 들리는 듯했다.

매일 아침 똑같은 일이 반복되었다. 급기야 안쓰러워진 남편은 꼭 공부를 해야 하는 것도 아니니 마음을 정하는 건 어떠냐고 울상을 짓게 되었다. 무슨 생각이었을까? 시작했으니 끝을 봐야 할 것 같았다. 한편으로는 이렇게 늦은 나이에 아이를 낳았으면 아이 기르는 일에만 전념해도 부족한 상황인데 정식으로 공부를 시작하다니 정신이 나가기라도 한 걸까, 하는 생각도 들었다.

어쩌면 이미 알고 있었는지도 모른다. 포기할 수 없는 나의 도전이 시작되었다는 것을.

시련은
혼자 오지 않는다

　　　　　　　　　　　석사 과정을 마치고 논문을 쓸 무렵, 힘든 공부와 육아보다 더 깊은 고민거리가 생겼다. 남편이 박사 과정 중 치러야 하는 예비시험이나 자격시험에서 떨어지기 시작했다. 한 번, 두 번, 세 번……. 나의 멘탈도 함께 무너졌다. 남편은 너무 늦은 나이에 미국에서 학부 생활을 하며 진이 빠진 모양이었다. 석사 과정까지는 버텼으나 박사 과정부터는 공부에 집중하지 못했다.

　집에는 늘 문제를 안고 오는 후배들이 줄을 이었고 워낙 사람을 좋아하고 남 돕는 것을 좋아하는 남편은 학부 생활에서 익힌 영어

솜씨로 자신의 일인 양 그들의 통역사로 상담사로 문제해결사로 뛰어다녔다.

지금 생각하면 누구보다 남편의 속이 더 탔겠지만 당시 남편은 인생의 긴 슬럼프에 빠진 상태였고 슬럼프를 이겨내는 방식이 나랑은 완전히 달랐다. 남편을 이해하기 어려웠다. 아니 이해하고 싶지 않았는지도 모른다.

나는 도저히 논문에 집중할 수가 없었다. 마흔을 바라보며 인생의 길을 잃어버린 남편 옆에서 나 또한 길이 보이지 않았다. 유학생촌에서 우리 부부는 가장 고령의 학생 부부였다. 남편의 도움을 받았던 한참 어린 후배들은 속속 박사학위를 받고 감사했다는 인사를 남기고 떠났다. 더할 수 없이 자존심이 상했다.

아이는 하루가 다르게 크고 있었지만 행복하기보다는 오히려 두려워지기까지 했다. 어떻게 키워야 할지 막막했다. 설상가상으로 조금 갖고 있던 여유자금도 다 떨어져 가던 터라 아이의 기저귀가 떨어질까 봐 노심초사하기 일쑤였다. 누구에게도 손 벌리고 싶지 않았고 알리고 싶지도 않았다.

겨우 40킬로그램 정도 유지하던 나의 체중은 38킬로그램까지 줄었다. 길을 걷다 쇼윈도에 비친 내 모습을 보면 넋 나간 해골 같았다. 나의 인생은 완전히 실패라는 생각마저 들었다. 암울한 시절이었다!

한계는 뇌가 만들어낸 허상일 뿐이다

겨우 쓴 논문 초고를 들고 지도 교수인 에이브러햄 교수님을 만나러 갔다. 당시 학과 사무실 라운지에는 언제나 베이글과 필라델피아 크림치즈가 놓여 있었다. 옆에 있는 종이상자에 적당한 금액의 돈을 넣으면 누구든 먹을 수 있었다. 나는 항상 종이상자에 최소 금액인 25센트짜리 동전을 넣고 베이글 하나로 점심을 때우곤 했다. 누가 "괜찮으세요?"라고 묻기만 해도 기다렸다는 듯 눈물을 쏟을 것 같은 그런 심정의 나날들이었다.

그날도 베이글을 먹으며 그동안 여러 번 망설였던 마음을 굳게 다졌다. 에이브러햄 교수님에게 용기를 내어 고민을 털어놓고 싶었다. 내 얘기를 들어줄 누군가가 필요했다. 지난번 제출한 논문 초고에 대한 수정 리뷰를 받는 날이었지만 그 전에 잠시 얘기를 나누고 싶다고 했다. 에이브러햄 교수님은 환하게 미소 지으며 그러라고 고개를 끄덕였다.

나는 절박한 상황과 막막한 심정을 내가 가진 영어 실력을 총동원하여 눈물 콧물 범벅이 된 상태로 절절히 피력했다. 잠시 꽤 긴 침묵이 흘렀다. 나는 에이브러햄 교수님이 무슨 말씀을 해주실지 기다려졌다. 일어나 포옹을 해주며 한심한 남편은 잊고 너는 너의 길을 가야 한다고 해주기를 은근히 기대했는지도 모른다. 그러나 에이브러햄 교수님은 차분히 그리고 지긋이 나를 바라보며 뜬금없는 질문을 했다.

"점심으로는 뭘 먹었니?"

"베이글."

당황한 나는 짧게 대답했다.

"몇 개나?"

"하나요."

더욱 당황한 나는 기어들어가는 목소리로 대답했다. 교수님은 다시 한 번 나를 그윽한 눈으로 한참을 바라보더니 이렇게 말했다.

"두 개는 먹어야지……."

순간 목이 꽉 메었다. 또다시 침묵이 흘렀다.

긴 침묵을 깨고 들려온 에이브러햄 교수님의 목소리는 그 어느 때보다도 단호하고 짜랑짜랑했다.

"지금 네가 해야 할 일은 이 논문을 끝내는 일이야!"

교수님은 곧바로 나의 논문 초고를 여셨다. 이전에 제출한 내 논문 초고는 매 페이지마다 빨간 펜으로 가로세로 깨알같이 공들여 쓴 교수님의 수정 노트로 꽉 차 있었다.

그때 내 가슴과 머리는 마치 두 쪽으로 쩍 갈라지는 듯 서늘해졌다. 뭔가를 해야 한다는, 어렵지만 할 수 있다는 생각이 저 깊은 곳에서 올라오기 시작했다. 나는 그때의 느낌을 나이가 한참 들어버린 지금도 결코 잊을 수가 없다!

어렵게 석사 논문을 끝냈다. 에이브러햄 교수님은 이번에도 나를 불렀다. 쾌활한 톤으로 무척 수고했다며 쉬지 말고 당장 박사 과정을 등록하라고 했다. 나는 여기까지가 나의 한계라고 말씀드렸다. 내 말은 귀담아듣지도 않고 어떤 교수님의 이름과 교수실을 적은 쪽지를 건네주며 "내일 네가 찾아갈 거라고 얘기해놓았어."라고 했다.

일단 쪽지를 받았다. 교수님의 정성에 감사해 가서 인사는 해야 할 것 같았다. 그리고 그분께 박사 공부를 할 마음은 추호도 없노라 직접 말씀드려야겠다고 생각했다.

다음날, 약속 시간에 맞춰 톰슨 교수님 Dr.Thompson의 사무실 문을 두드렸다.

"저는 솔직히 박사까지 할 마음은 전혀……."

나의 얘기는 여지없이 잘려나갔다. 내가 말을 끝내기도 전에 에이브러햄 교수님에게 얘기 많이 들었다며 한 번도 빈말을 한 적이 없는 분이라 그의 말을 전적으로 믿는다고 했다. 그리고는 기운차게 물어왔다.

"자, 이제 무엇부터 시작할까?"

나의 박사 과정은 이렇게 시작되었다.

나이 마흔,
박사가 되다

유학 생활을 하며 공부에 정진한다는 것은 끝내지 않은 숙제를 늘 달고 사는 느낌이었다. 남편은 RA(연구 조교)로 나는 TA(강의 조교)로 일했다. 일하면서 공부하면 등록금도 면제되고 근근이 살 만큼 생활비 보조도 받는 셈이었다.

박사 논문은 256쪽에 달하는 질적 연구Qualitative Research를 했다. 질적 연구를 하는 학생은 흔치 않았고 주위의 많은 사람들이 내가 질적 연구에 매력을 느끼는 이유는 알겠지만 과정이 그리 녹록하지 않다며 말렸다. 그런데 나는 자꾸 그쪽으로 끌렸다.

일반적인 양적 연구 방법은 가설을 세우고 가설에 맞는 그룹과 가설에 반하는 그룹을 비교하는 통계 처리를 통해 유의미한 차이가 있는지 없는지를 밝힌다. 이런 방법을 쓰는 논문의 결과가 과연 얼마나 이 분야에 의미 있는 실질적인 기여를 할 수 있을까 하는 의문이 들곤 했다. 정해진 학문적인 틀 안에서 아는 사람들끼리만 나누는 그들만의 리그, 그들만의 언어로 얘기하는 대화 같았다. 나는 더 실용적이고 현실 세계에 실질적으로 도움이 되는 연구를 하고 싶었다. 빨리 학업을 마쳐도 시원치 않을 상황에 수많은 사람들을 인터뷰하고 녹취록을 풀어쓰는 일부터 긴 논문을 쓰는 일은 결코 쉽지 않았다.

한국으로 돌아오다

박사 과정이 끝나갈 무렵 유학생 촌의 많은 후배들이 다시 한 번 나를 말렸다. 그들의 진심 어린 충고는 이러했다.

'곧 마흔인데 박사학위를 받은들 일한 경험은 없고 나이도 많아서 박사학위가 있으면 오히려 취업하기 매우 힘들다.'
'한국 기업에서는 절대로 채용하지 않는다.'
'대학에서도 젊은 30대 초중반의 남자 교수를 뽑지 나이 많은 여

자 교수는 채용하지 않는다.'

모두 현실적으로 맞는 말이었다. 몇 년 전, 나보다는 몇 살 일찍 박사학위를 따고 한국으로 돌아간 여성이 있는데 교수 임용이 되지 않아 시간강사를 하며 지금은 심한 우울증에 시달리고 있다고 했다. 남의 얘기 같지 않았다. 과장된 얘기가 아니라 굉장히 현실적인 얘기였다.

> "강하고 담대하라. 두려워하지 말고 낙심하지 마라. 네가 어디를 가든 여호와 네 하나님이 너와 함께 할 것이다."
>
> 〈여호수아〉 1:9

사람은 막다른 골목에 다다른 듯 한계를 느낄 때 종교를 떠올리고 믿음을 갖게 된다. 주위의 만류하는 이야기를 들을 때마다 마음속으로 이 성경 구절을 한없이 되뇌며 마음을 다잡았다. 후배들의 충고에 덜컥 겁이 나기도 했지만 믿음 덕분이었는지 떨쳐버릴 수 있었다. 막연하지만 일단 시작했으니 반드시 끝내야 한다고 생각했다.

석사 2년, 박사 4년. 아이를 낳아 기르며 쉬지 않고 달렸다. 안타깝게도 그때까지 남편은 박사 과정을 끝내지 못했다.

1995년 1월, 한국으로 돌아왔다. 혼자 떠났던 한국을 세 식구가 되어 돌아왔다. 한 손에는 박사학위를 그러나 다른 한 손은 텅 비어 있는 듯한 매우 불균형한 모습으로. 그동안 한국은 놀랍게 변해 있었다. 수년 만에 돌아온 내 눈에는 모든 사람이 너무 빠르고 자신감이 넘쳐 보였다. 가만히 있어도 저절로 주눅이 드는 기분이었다.

후배들의 조언대로 대학에 교수로 들어가기는 쉽지 않았다. 우선 시간강사로 열심히 뛰었다. 연세대, 한양대, 성균관대…… 매일 열심히 대여섯 개 신문을 들척이며 교수채용 광고란을 눈이 빠지게 들여다보았다. 내가 전공한 교육공학과는 좀처럼 채용 공고가 나지 않았다.

어느 날 성균관대 조교실을 통해 모토로라의 기업 연수원인 모토로라대학교에서 프로젝트를 수행해줄 사람을 찾는다는 공고를 접하게 되었다. 추천해준 조교의 말은 갓 학위를 끝내고 온 따끈따끈한 박사를 찾고 있으니 내가 딱 맞는다는 것이었다.

6개월짜리 큰 프로젝트의 리더가 되었다. 열심히 준비했고 프로젝트 결과를 발표하는 날은 본사에서 임원이 여럿 오기도 했다. 당시 한국 기업 HR 분야의 벤치마킹 대상이었던 모토로라대학교를 보기 위해 한국 기업의 HR 임원들도 몇 명 왔다. 발표를 마치고 LG그룹 연수원인 인화원에서 온 어떤 임원과 명함을 교환했다. LG와의 첫 인연이었다.

나를 응원해주는 사람이 있었기에 가능한 일

여담이지만 내가 LG에 입사할 무렵 남편은 미국으로 다시 들어가 논문을 끝내고 박사학위를 받았다. 한국으로 돌아올 당시, 나는 남편에게 내 생각을 솔직하게 얘기했다. 나는 당신이 반드시 박사가 되어야 한다고 생각하지 않는다. 그러나 아이를 낳아 기르며 부모가 한 번 시작한 일을 끝내지 못하는 모습을 보이는 것은 바람직하지 않다고 본다. 나중에 전혀 다른 일을 하더라도 박사 과정을 꼭 마무리했으면 좋겠다고 말이다.

남편 또한 마흔이 넘은 나이에 갓 박사학위 소지자로 한국에서 일하기 힘들었을 것이다. 절치부심하고 열심히 노력했는지 환경부 국제협력국장과 대한상공회의소 지속가능경영원 원장을 거쳐 UNEP(유엔 산하 환경기구) 아태지역장을 역임하며 글로벌 환경전문가로 열심히 일했다. 지금도 중국 상하이의 대학이나 스리랑카 정부 등 환경에 대한 자문 역할을 하느라 국내외를 넘나들고 있다.

남편은 지독했던 긴 암흑 같은 시기를 잘 넘겼다. 삶의 모든 것이 여유로워진 지금, 돌이켜보면 '나는 왜 친구처럼 이해해주지 못했는가' 하는 생각도 든다. 공부와 육아, 모든 것을 감당해야 했던 시기에 남편의 힘듦까지 감당하기는 어려웠던 것 같다. 나는 가끔 오래전 어떤 결혼식에서 구상 시인이 하셨던 주례사를 떠올린다.

"부부란 참으로 가깝고도 먼 사이이며 부부 간의 '거리'를 소중히 여겨야 합니다."

그때는 어린 마음에 한마음으로 똘똘 뭉쳐 살아도 힘든 결혼 생활인데 '거리'를 소중히 여기라니 무슨 말인지 이해가 되지 않았다. 지금은 그 말에 매우 공감한다.

아이를 다 키우고 나니 일과 육아를 병행하느라 숨가쁘게 달려온 시간이 이제는 먼 옛날의 이야기인 듯 아련하게 느껴진다. 남편은 소문난 딸바보 아빠로 일하는 엄마가 갖는 강박적인 엄격함을 넉넉하게 메꾸어 주었다. 그는 어떤 순간에도 내가 하는 일에 전적으로 응원하고 지지해주었고 가장 힘든 순간 그리고 가장 어려운 결정을 내려야 할 때 진솔한 대화를 나눌 수 있는 든든한 친구다.

결과에 온전히 책임지는 삶을 택하다

프로젝트 발표를 한 날 명함을 주고받았던 LG 임원은 두 달 정도 줄기차게 전화를 하며 LG에 와서 같이 일하자고 했다.

기업이라……. 일터로는 한 번도 생각해본 적이 없었다. 나는 LG 임원에게 회사에서 일할 생각이 추호도 없으니 그만 연락하라고 했다.

단호한 나의 대답에 더 이상 설득은 무리라고 판단했던지 그분은 마지막으로 인화원의 김용선 원장님(2018년에 작고하셨다.)을 만나

보고 결정하는 게 어떻겠냐고 제안했다. 그의 간곡한 부탁에 마지막 예의라고 생각하고 제안을 수락했다.

교수가 되고 싶은 이유

며칠 후, 약속 장소로 나갔다. 그곳에는 다른 임원들이 먼저 와 있었다. 임원들과 인사를 나누고 얼마 지나지 않아 모두 자리에서 일어났다. 원장님이 들어오는 모양이었다. 나도 일어나 천천히 걸어오는 그분을 본 순간 뭔가 나의 통념이 깨지는 듯한 느낌이 들었다.

백발의 짧은 머리에 얼굴이 희고 맑은 철학자 한 분이 들어오는 것 같았다. 회사의 사장님이라면 매우 유능해 보이지만 동시에 숫자나 세상 돌아가는 일에 무척 밝은 인상을 풍기리라 생각했다.

이후로도 김용선 원장님은 계속 나의 통념을 깨뜨렸다. 이 자리는 적어도 나에게 일자리를 제안하는 자리가 아닌가. 그러면 대표이신 원장님이 우리 회사는 이러이러하고, 왜 지금 당신과 같은 사람이 필요한지, 와서 일하게 되면 이런 점이 좋을 것이다 등의 얘기를 한 번은 해야 하는 것이 아닌가. 잠시 이런저런 대화를 하긴 했지만 그분은 나를 특별히 주목하지도 않는 것 같았고 옆의 임원들과 자연스럽게 얘기를 나누었다. 나는 어느 회사 회식자리에 어쩌다 초대를 받은 아웃사이더가 된 느낌이었다. 마음속으로 이 분은 내가 마음에 안 드는구나, 내가 이 자리에 왜 나온 걸까, 하며 자존심이 상했다. 식사가 끝나고 이 자리에 초대한 임원에게 연락이 오면 거절 의사를 분명히 해야겠다고 마음을 굳혔다.

디저트가 나올 무렵에야 김용선 원장님은 나를 보더니 말문을 열었다.

"학교에 가고 싶어 하신다고요?"

이 얼마나 자리에 맞지 않는 생뚱맞은 질문인가? 나는 인사치레를 하고 싶지는 않았다. 단도직입적인 질문에 걸맞게 나도 곧바로 단호하고 짤막하게 대답했다.

"네, 그렇습니다."

그 순간 분위기는 그야말로 갑분싸가 되고 말았다. 상한 자존심을 극복한 기분이 들 겨를도 없이 곧바로 질문이 날아왔다.

"왜 교수가 되고 싶으신가요?"

그 순간 말문이 막혔다. 마음 같아서는 그분과 똑같은 침착한 톤으로 즉답을 날리고 싶었는데 어찌된 일인지 말이 나오지 않았다. 오랜 세월 노력했고 교수로 채용되기를 염원했지만 단 한 번도 왜 교수가 되고 싶은가라는 질문을 스스로 던져본 적이 없었다. 머리가 하얘진 내가 답하지 못하는 사이, 그분의 말이 이어졌다.

"윤 박사님은 강의 같은 거 하시면 아주 잘하실 것 같습니다."

나는 그 말도 왠지 곱게 들리지 않았다.

"아, 네. 뭐 강의를 잘하지는 못하지만 강의 같은 거 하는 것을 몹시 좋아합니다."

갑분싸는 끝(까지)분싸가 될 듯했다. 그분은 여전히 태연하게 말을 이어갔다.

"대한민국에서 박사인 여자가 강의도 잘하고 아직 세상을 모르는 어린아이들에게 이렇게 살아야 해, 하며 인기 있는 교수가 되시면 내가 꽤 잘난 사람이라 생각하며 사실 수도 있다고 봅니다. 사실 그렇게 생각해도 충분한 일이라고 봅니다. 그러나 대체로 말과 이론으로 하는 일이지요. 기업은 좀 다릅니다. 기업에서는 시작을 했으면 끝을 내야 하고 결과에 책임을 져야 하는 곳입니다. 결과에 대해 온전히 책임지는 생활을 하다 보면 전문성은 물론 인간의 깊이로도 더 크게 성장할 수 있는 곳이라고 저는 생각합니다."

그는 강한 돌직구 스타일로 자신의 개인적인 견해를 피력했다. 나는 쇠망치로 얻어맞은 듯 할 말을 잃었다. 머릿속에서는 여러 가지 생각들이 솟구치기 시작했다. '교수는 왜 되고 싶은가'라는 질문 하나로 '나는 누구인가? 나는 무엇을 원하는가? 나는 어떻게 살고 싶은가?'라는 질문들이 나 자신에게 쏟아졌다. 그 질문들을 곱씹으며 다시 나의 꿈과 비전은 무엇인지 돌아보게 되었다.

돌아오는 택시 안에서야 복잡한 머릿속이 점차 정리가 되었다. 말로만 외치는 것보다 행동으로 결과로 얘기하자가 평소 나의 철학 아니었던가!

집에 도착하자마자 예상했던 전화벨이 울렸다. LG 임원은 저녁 분위기로 보아 끝난 얘기라고 생각한 것 같았다.

"결정하셨죠?"

당연히 거절하리란 걸 알고 있다는 말투였다.

"네, LG에 가겠습니다!"

"네?"

그날 이후로 나는 내가 원하는 것이 무엇인지 끊임없이 질문했다. 그리고 내 안에서 작은 가능성을 발견했다.

그렇게 나의 기업에서의 커리어가 시작되었다.

일과 육아 사이에서
흔들리고 있다면

그동안 내가 만나온 여성 후배들, 강연과 코칭을 하며 만난 일하는 엄마들 대부분이 출산과 육아에 대한 고민을 안고 있었다. 아이를 낳고 다시 일할 수 있을까, 내 욕심 때문에 아이를 희생시키는 건 아닐까. 늘 함께해주지 못하는 미안함이 커져 심한 경우 죄책감을 느끼기도 한다.

나 또한 일과 육아 사이에서 절실히 고민하며 답을 찾던 때가 있었다. 아이가 자라 제 몫의 삶을 살아가고 있는 지금, 엄마가 열심히 사는 모습 자체가 교육이었음을 느낀다. 내가 딸이었을 때를 돌이켜봐도 그렇다.

나는 일하는 엄마가 올바른 교육관을 갖고 아이와 소통한다면 아이는 반드시 훌륭한 아이로 성장한다고 믿는다. 가장 중요한 것은 엄마가 아이를 키우며 일하는 데 대한 부정적인 감정을 버리고 좀 더 자신감을 가지고 당당해져야 한다는 것이다.

딸과 나의 인생을 건 약속

미국에서 공부를 마치고 한국으로 돌아올 때 딸은 유치원생이었다. 대기업 최초 여성 임원으로 주목받고 일에 대해 한창 의욕이 넘칠 무렵, 딸은 초등학교 4학년이 되었다. 점차 자신이 무엇을 원하는지 분명히 표현하기 시작할 나이였다. 항상 일찍 나가 늦게 들어오다 보니 친정집 근처에 살며 온갖 지원을 받고 있었고 특히 딸은 어머니가 도맡아 키웠다. 말없이 잘 적응해주던 딸은 점점 엄마가 일하는 것에 대한 불만을 표출하기 시작했다.

하루는 출근하는 나를 붙잡더니 꼭 하고 싶은 말이 있다고 했다.

"엄마! 나는 내 인생에 꿈이 있다면 학교에서 돌아왔을 때 엄마가 쿠키를 구워놓고 기다리다가 문을 열어주고, 내가 학교에서 있었던 일을 얘기하면 엄마가 들어주는 거야. 친구 엄마들처럼……."

열 살짜리가 '내 인생'이라는 단어까지 쓰면서 눈물을 글썽이며 힘주어 말했다.

"엄마는 일을 꼭 해야 해? 그만두면 안 돼?"

내 인생 최대의 고민이 시작되었다. 나의 인생, 나의 커리어를 생각한다면 당연히 계속 일해야 한다. 아니 너무나 하고 싶었다. 그러나 엄마로서 아이의 심정을 왜 모르겠는가? 아이를 키우기 위해서는 아빠도 훌륭한 선생님도 필요하지만 한창 성장할 시기에는 누구보다도 엄마의 사랑과 손길이 필요하다. 무엇보다도 아이 자신이 절실히 필요하다지 않는가. '내 인생'까지 운운하며.

과연 나는 나의 인생을 위해서 나에게 가장 소중한 존재의 이토록 간절한 바람을 저버려야 하는가? 쉽게 답이 나오지 않았다. 일에 집중할 수가 없었다. 아무리 어려운 문제라도 수없이 생각해 결론을 내고 한번 결정하면 미련 없이 실행하는 나였다. 그러나 이 문제만은 간단히 결론을 낼 수 없었다. 잠도 잘 오지 않았다.

그러던 어느 날 라디오를 틀어놓고 운전하던 중 마침 육아 상담을 하는 코너가 진행 중이었다. 나도 모르게 귀가 기울여졌다. 전문가는 아이와 함께 많은 시간을 보내는 것도 필요하지만 아이의 얘기를 열심히 들어주는 것이 더 중요하다고 했다. 그 얘기를 듣는 순간 갑자기 전광석화처럼 번쩍하는 아이디어가 떠올랐다. 나도 모르게 입에서 '퀄리티 토크'Quality Talk라는 단어가 새어 나왔다. 이런 용어를 어디서 들었는지 기억도 없다. 이거면 좋은 해결책이 되겠다는 확신이 들었다. 아이와 많은 시간을 보내지 못해도 아주 귀한 시간을 나누면 짧아도 더 큰 효과가 있을 것 같았다.

그날 저녁, 딸과 진솔한 대화를 나누었다. 우선 결론부터 말해주었다. 엄마는 계속 일을 해야겠다고. 딸은 입이 비쭉 나오고 눈에선 눈물이 그렁그렁했다. 나는 침착하게 그러나 확실한 톤으로 말을 이어갔다.

"네가 지금은 이해하기 어려워도 엄마가 왜 일을 하는지 나중에 크면 이해할 수 있을 거야. 그리고 일하는 엄마를 둔 게 자랑스럽다고 느껴질 때가 꼭 올 거야. 엄마는 확신해. 그러니까 지금은 조금 힘들어도 엄마를 믿어주면 좋겠어."

엄마가 평소와 다르게 얘기한다는 것을 직감한 딸도 침착해지기 시작했다. 더는 눈물을 보이지 않았다. 너무나 고마웠!

"엄마가 아주 중요한 약속을 할 거야. 네가 네 얘기를 들어달라고 했잖아. 엄마가 아무리 늦게 들어오고 피곤해도 네가 하고 싶은 얘기를 정리해 놓으면 엄마가 반드시 들어줄게. 약속해!"

아이는 고개를 끄덕였다.

그 후 딸은 그 시간을 위해 열심히 숙제를 하고 기다리고 있다가 내가 퇴근하고 들어오면 꼭 하고 싶은 얘기를 쏟아 놓았다. 자고 있다가도 내가 들어오면 일어났다. 나는 약속한 대로 열심히 정말 열심히 딸의 이야기를 들어주었다. 맞장구를 쳐가며.

사실 열 살짜리의 중요한 얘기란 어른이 들을 때는 집중도 안 되는 그렇고 그런 하잘 데 없는 이야기이기 일쑤다. 아마 전업주부였어도 시끄러우니 그만하고 공부나 하라고 했을 그런 이야기들. 하지만 일단 약속을 했으니 열심히 들어야만 했다. 회식이나 야근을 하고 들어온 날에는 그대로 쓰러져 자고 싶을 때도 많았다. 그러나 그럴 수 없었다. 우리는 서로 인생을 건 약속을 하지 않았는가. 듣다가 졸 때도 많았다. 그러면 딸은 "엄마 잠 깨!" 하면서 아까 이 시점부터 엄마가 졸았으니 거기부터 다시 얘기하겠다는 웃지 못 할 코미디 같은 순간도 많다.

　이렇게 약속을 지키고 아이의 얘기를 듣다 보니 어떤 때는 "다른 아이들은 이런 얘기 엄마한테 절대 안 해. 근데 내가 왜 이러지." 하고 멈추었다가도 "그래도 난 엄마랑 이야기할래." 하고 되돌아오곤 했다. 아이가 사춘기를 지나며 우리는 너무 재밌고 때로는 너무 심각했고 극명하게 의견이 갈릴 때도 있었다. 하지만 딸과 나는 더욱 돈독해졌다.

　딸과 스스럼없이 나누는 대화는 지금도 여전하다. 우리는 모든 것을 나누고 얘기한다. 딸과 대화를 나누며 나는 듣는 법을 배웠다. 상대방이 무슨 얘기를 하고 싶어 할 때는 잠자코 들어주는 것이 제일 좋다. 나도 모르게 조언 모드로 이야기하기 시작하면 즉각 반응이 온다. 그러면 얼른 묵언 수행하듯이 귀만 기울인다. 그러면 엄마가 들어줘서 고맙다는 찬사를 듣는다. 답답해서 참지 못하고 내 의견을 얘기하고 조언을 하면 "엄마, 됐어." 하고 대부분 대화가 짧게 끝난다.

　얘기를 듣고 마음을 완전히 비우고 한두 마디 툭 던져준 얘기는 "엄마가 그때 그랬잖아……." 하며 기억하고 있다가 다시 얘기하곤 한다. 귀담아들었다는 얘기다.

　나이가 들고 딸이 커갈수록 내가 딸과 얘기하고 싶을 때가 더 많아졌다. 그리고 딸이 담담히 던져준 몇 마디의 말이 나의 기분을 확 바꾸어 놓기도 했고, 다시 일어서게도 했고, 마음의 응어리를 풀어주기도 했다.

　늘 바쁜 엄마는 딸과 필요한 대화는 열심히 했으나 솔직히 학습 관리나 지원 그런 면으로는 빵점이었다. 하지만 간섭을 안 해서인지 일하는 엄마의 아이들은 대부분 매우 독립적이다. 한국의 교육 환경과 엄마들의 교육 습관은 아이를 지나치게 간섭하고 조종하려 드는 경향이 크다. 솔직히 일하는 엄마들은 물리적으로 그런 지원이나 간섭할 시간, 에너지가 없기 때문에 결과적으로 아이들 스스로 독립적이 되는 경우가 많다.

　딸은 전공을 정하고 대학교를 알아보고 응시하는 모든 일을 혼자 해냈다. 물론 많은 대화를 나눴지만 무엇을 어떻게 하는지는 온전히 딸의 몫이었다. 이 또한 딸이 주위 친구들로부터 부러움을 사는 면이었다. '우리 학년에서 오직 너만이 진정한 자유를 누리고 있다'는 얘기를 종종 듣는다고 했다. 딸은 "내가 어렸을 때 왜 그렇게 엄마더러 일하지 말라고 했지? 그때 엄마 일을 못 하게 했다면 절대로 이런 자유는 못 누렸을 거야."라고 말한다.

딸은 감사하게도 너무 잘 자라주었다. 딸은 엄마를 누구보다도 잘 이해하고 존경하며 자랑스러워한다. 돌이켜보면 그때는 막다른 골목에서 절박하게 찾은 돌파구였다. 그 시간이 없었다면 이런 열매를 맺지 못했을 것이다.

당신은 이미 충분히 잘하고 있다

일하는 엄마들이 아이에게 미안함을 느끼는 순간은 주로 아이와 같이 보내는 시간이 적다거나 옆에서 직접 챙겨주지 못할 때다. 그러나 아이와 많은 시간을 보낸다고 해서 더 좋은 육아라고 말할 수 있을까?

아이는 부모가 옆에서 일일이 챙겨주고 지원해준다고 잘 크는 것은 아니다. 오히려 아이의 독립심이나 올바른 성장에 해가 되는 경우도 있다.

아이와 함께 보내는 시간이나 챙김도 중요하지만 무엇보다 아이에게 가장 필요한 것은 깊은 관심과 애정일 것이다. 어떤 일하는 엄마가 진정한 관심과 애정이 부족하다고 말할 수 있겠는가.

나는 좋은 육아, 좋은 교육은 부모가 어떤 생각과 철학을 갖고 어떤 행동을 하며 실제로 어떤 삶을 사느냐에서 비롯된다고 생각한다. 일을 하느냐, 하지 않느냐와 상관없이 어떤 상황에서든 엄마가 최선을 다하는 모습 그 자체가 아이가 인생을 살아가는 데 가장 필요한 산 교육일 것이다.

자신의 일을 사랑하고 일을 놓지 않겠다고 결심했다면 육아를 병행하느라 물리적으로 일어나는 많은 일에 대해서도 아무리 힘들더라도 포기하지 않고 감당해낼 의지도 있고 능히 해낼 능력도 충분히 있다고 생각한다. 하지만 그동안 내가 만난 많은 일하는 엄마들은 내가 일을 해서 아이에게 부족한 환경을 만들어주고 있지 않나 하는 열등감에 시달리고 있었다. 그런 엄마들을 볼 때면 무척 안타깝다. 직장에서 누구보다 열심히 일하고 또 동시에 좋은 엄마가 되느라 노력하면서도 미안해하고 심지어 죄책감을 느끼기도 한다니. 사실 누가 비난의 눈길이나 화살을 돌려서가 아니라 스스로 그렇게 생각하는 경우가 더 많다. 혼자 고민하거나 감당하려고 하기보다는 아이와 솔직하게 얘기를 나누고 남편을 비롯한 주위 사람들과 함께 고민해야 한다.

때로는 일하는 엄마를 바라보는 주위의 시선이나 편견이 엄마의 마음을 더욱 힘들게 하기도 한다. 아이의 학교 선생님이 이렇게 말하는 경우도 있다.

"아이가 주의가 몹시 산만한데 아무래도 엄마가 일하는 영향이 큰 것 같아요."
"이번에 아이 성적이 크게 떨어졌는데 어머님 일이 더 바빠지셨나 봐요."

그런가 하면 주위에서 아무렇지 않게 이런 얘기를 하기도 한다.

"엄마가 직장에 다니는 애들은 아무래도 티가 나요. 항상 애가 급하더라고요."

이런 근거 없는 얘기들은 일하는 엄마를 한없이 위축시키고 혼란스럽게 만든다. 게다가 상대적으로 아이의 같은 반 엄마들끼리 교류하는 모임이나 활동에 참여하기 어려워 소외감을 느끼기도 한다. 회사 생활에서 받는 스트레스까지 겹치는 날엔 내 컨디션에 따라 아이를 대하고 있지는 않나 심하게 자신을 질책하기도 한다.

이렇게 되면 악순환이 시작된다. 일과 육아 사이에서 균형을 잡지 못하면 일하는 여성과 엄마 사이 어느 쪽에서도 온전히 서 있기 어렵다. '내가 계속 일하는 것이 과연 옳은 일인가' 끊임없이 고민하다 지쳐서 일을 포기해버리기도 한다.

이런 순간에 절대로 무너지지 않길 바란다. 일하는 엄마가 육아와 씨름하면서 잠시도 소홀히 하지 않고 갈고 닦은 역량과 경험은 앞으로 무궁무진하게 꽃을 피울 수 있는 큰 자산이다. 그 자산은 나를 위해, 내가 속한 조직을 위해, 사회를 위해 그리고 무엇보다 내 아이의 미래를 위해 상상할 수 없는 큰 열매를 맺을 것이다.

이 시대 엄마들은 매일 정답 없는 고민을 안고 살아간다. 생각해 보면 모든 엄마는 '일하는 엄마'다. 직장에서, 가정에서. 다시 한번 당부하지만 엄마가 열심히 일하고 열심히 사랑하는 모습 자체가 누구도 해줄 수 없는 훌륭한 교육이다. 아이는 그런 엄마를 보며 인생을 살아가는 데 필요한 많은 것을 자연스럽게 배울 것이다. 스스로 책임지는 것이 무엇인지 알고, 쉽지 않은 일에도 도전하고, 끈기를 갖고 결과를 기다릴 줄 알고, 어려운 상황에서도 미래를 꿈꿀 것이다. 그리고 무엇보다 진정한 사랑이 무엇인지 깊게 느낄 것이다.

결국 엄마 스스로 이렇게 열심히 산다는 데 대한 긍정적인 자신감과 확신을 가지면 아이는 더욱 밝고 크게 자랄 것이다.

제3장

우아한 승부

남자와의 경쟁이 아니라 나 자신과 승부한다

인간은 경쟁하며 성장한다. 여성이 일하는 사회에 발을 디디면 소수의 여성은 다수의 남성이 정해놓은 룰에 따라, 그들의 잣대에 따라 평가받고 비교된다. 그것도 모자라 여성이 제대로 일하려면 남성을 이겨내야 살아남을 수 있고 승리할 수 있다고 말한다. 이런 경쟁의 틀에 나를 담으면 한없이 휘둘리고 피폐해진다. 나에게 꿈이 있고 비전이 있으며 이루고 싶은 목표가 있다면 나 자신과 경쟁해야 한다. 이런 경쟁에 나를 담으면 무한한 성장을 체험할 수 있다.

일의 핵심에 몰입하고
성과로 말한다

　　　　　　　　　　　　　　　　일을 하다 보면 일 자체보다 일 외의 여러 가지 요인들이 얽히고설키게 된다. 당연하다. 일은 사람이 하는 것이고, 사람이 모이면 복잡한 이해관계가 생겨나고, 사람은 항상 주위 환경에 영향을 받는 존재이기 때문이다.

　그러나 일 주변의 것들에 신경을 쓰다 보면 정작 가장 중요한 일을 뒷전으로 미루게 되는 경우가 많다. 일 주변의 여러 요인들이 일의 성과에 영향을 줄 수 있으니 신경을 쓰지 않을 수 없지만 어떤 경우에도 일에 집중하는 것보다 더 좋은 결과를 낳을 수는 없다. 오로지 일의 본질과 목적에 충실할 때 가장 훌륭한 성과를 낼 수 있다. 만약 일 외의 요인들로 일에 집중하지 못하고 있다면 먼저 이 질문에 답해보자.

'지금 이 일을 통해 얻고자 하는 것은 무엇인가.'

원하는 결과를 얻기 위해 해야 할 일의 핵심을 꿰뚫으면 좀 더 가야 할 길이 명확해진다.

가장 중요한 일에 에너지를 쏟아라

내가 최초의 여성 임원이 되고 난 바로 다음 해에 LG CNS에서도 여성 임원이 배출되었다. 무척 기뻤다. 같이 얘기를 나눌 상대가 생긴 것이다. L상무의 얘기는 소문을 들어 조금은 알고 있었다. 나는 소식을 듣자마자 L상무를 만났다. L상무가 여기까지 올 수 있었던 과정을 직접 듣고 싶었다.

SI 업계는 빠르게 성장하는 분야지만 그 분야도 리더 역할을 하는 여성은 매우 드물었다. L상무가 부장 시절 맡았던 업무는 품질관리팀장으로서 각 공공기관에 새로운 프로젝트를 제안하거나 진행 중인 프로젝트의 품질을 관리하는 것이었다.

당시는 정부의 많은 기관들이 IT 시스템을 본격적으로 새롭게 구축하던 시기였다. 그래서 이런 공공사업 부문은 SI 회사들이 시장 선점을 위해 앞다투어 집중 전략을 세우고 최고의 품질로 경쟁력을 높이고 있을 때였다. 이런 시대의 흐름 속에서 R청에서 들어온 제안서는 여러 가지로 걱정이 앞서는 프로젝트였다. 우선 1,000억 원이 넘는 큰 규모인 데다 데이터 구조가 너무 복잡하고 난이도가 높아 수주하더라도 프로젝트 초기 단계인 분석 단계부터 난항을 겪을 것이 예상되었다.

제안서의 응용시스템 설계를 검토하던 L품질관리팀장은 현재는 수주하기 위한 내부 조언을 하는 단계지만 프로젝트의 규모나 난이도 그리고 영향력을 볼 때 수주 후 개발을 성공적으로 해내는 것이 더 큰 산으로 여겨졌다. 게다가 프로젝트가 시작되면 개발 업무를 고객들이 근무하는 대전에서 해야 하는 것도 큰 위험 요소였다. 당시 전 세계적으로 불어온 닷컴 열풍으로 벤처 회사나 해외 IT 업체로 IT 기술 인력의 대이동이 있었던 시기였기에 꼭 필요한 기술자들로 프로젝트 이행 팀을 구성할 수 있을지조차도 내심 모두 염려하고 있었기 때문이다. 그러나 이런 우려에도 불구하고 내부 분위기는 수주 이후의 문제점들에 대한 심각한 논의는 접어둔 채로 일단 수주를 따내는 데에만 총력을 기울이고 있었다.

L품질관리팀장은 잠이 오지 않았다. 이 프로젝트는 회사의 미래를 생각할 때 반드시 성공해야 하는 프로젝트였다. 개인의 안녕이

아니라 조직의 입장에서 본다면 더욱더 그러했다. 이런 상황에서 누군가 총대를 메야 하지 않을까?

긴 고민 끝에 이 프로젝트를 수주한다면 직접 참여해야겠다고 마음을 굳혔다. 잘 해낼 수 있을지 두려움도 있었지만 그때마다 마음속으로 이런 성경 구절을 속으로 수없이 되뇌었다고 한다.

> "내게 능력 주시는 자 안에서 내가 모든 것을 할 수 있느니라."
>
> 〈빌립보서〉 4:13

먼저 남편에게 타지 근무를 하게 되면 주말 부부가 될 수도 있다고 의논했다. 두 딸은 초등학생, 중학생이니 한창 클 나이에 엄마를 주중에 볼 수 없다는 것은 결코 작은 일이 아니었다. 다행히 남편은 선선히 응해 주었다.

남편의 응원에 힘입어 담당 임원인 부사장을 찾아가 이번 수주에 관한 문제점을 소상히 보고하고 응용시스템 통합설계 업무를 맡겨 달라고 말했다. 사실 앞으로 있을 어려움을 어느 정도 예상했으나 특별한 대안이 없어 고심하던 부사장은 천군만마를 얻은 듯 기뻐했다. 무사히 수주하고 본격적으로 업무가 시작될 때 L품질관리팀장은 프로젝트 통합팀 팀원으로 발령받았다.

주위에서는 미쳤다고 할 만큼 이해가 되지 않는다는 반응이었다.

팀장이 구태여 남의 팀 팀원으로 들어가 일을 해야겠냐는 것이었다. 맡은 일만 잘하면 되지 무슨 오지랖이냐는 수군거림이 여기저기서 들리는 듯했다.

이런 주위의 반응에도 당시 L품질관리팀장은 이 프로젝트가 성공적으로 끝나야 한다는 생각밖에 없었다. 그러나 막상 발령을 받고 새로운 팀으로 가서 팀원 자리에 앉으니 순간 내가 뭘 걷어차고 나온 건가, 하는 기분이 들기도 했다.

그러나 이 생각 저 생각 하며 망설일 여유가 없었다. 해결해야 할 과제들이 산적해 있었고 복잡한 업무에 모두의 역량을 다 쏟아서 설계, 검토, 변경, 다시 검토를 반복하며 바쁘게 시간이 흘러갔다. 천만다행으로 프로젝트 이행은 서울에서 해야 좋은 인력들로 효율적인 진행이 가능하다는 LG CNS의 요구가 받아들여져 서울 여의도에 프로젝트 사무실을 꾸려 가족들과 떨어져 지내지 않게 되었다.

L상무는 이렇게 열심히 일에 몰입하던 중 여성 임원으로 발탁되었다. 임원 승진을 제안한 부사장은 L상무의 '정신'을 높이 사야 한다며 적극적으로 추천했다고 한다. L상무가 가정과 육아의 어려움을 감수하면서까지 일에 몰입하는 '정신'을 높이 산 것이다.

일 잘하는 사람은 어떤 상황에도 중심을 잃지 않는다

L상무의 일에 대한 열정은 나도 소문으로 익히 들은 바 있었다. 바로 '고객사가 찾는 인물'이라는 것이다. 나는 L상무에게 어떻게 내부 사정을 알 리 없는 고객사에서 요청할 정도로 알려지게 되었느냐고 물었다. 그는 내 질문에 "아~ 그거요. 사연이 많아요." 하면서 크게 웃었다.

사실 공공분야 SI 프로젝트는 단순히 회사 내에서 시스템을 개발하는 일과는 상당히 환경이 다르다. 하나의 프로젝트를 진행하기 위해 이해관계가 얽혀 있는 대상들이 너무 많기 때문이다.

이행을 위한 회사도 보통 2~3개 이상의 컨소시엄 업체들로 구성되고 협력업체까지 더하면 훨씬 더 많은 업체가 참여한다. 대상 고객의 조직 구조도 역할별로 나뉘어 있어 각각의 입장 차이가 크고 제3의 외부 감리기관, 컨설팅 회사까지 포함하면 분명 프로젝트 성공이라는 목표는 하나임에도 각자의 이해를 위해 끊임없이 싸움이 일어나서 그런 일들에 에너지가 많이 소모된다고 한다.

그는 이런 전쟁터 속에서 어디에 중심을 두어야 하는지 날마다 고민하고 생각했다.

'나는 늘 회사의 이익을 위한 입장에 서야 하는가? 고객의 요구라면 뭐든 수용해야 하는가? 감리기관의 지적은 어떤 것이든 이행해야 하는가?'

L상무는 '시스템의 성공적인 구축'을 언제나 어떤 상황에서도 판단 기준으로 삼겠다고 결정했다. 그래서 때로는 이 기준에 따라 회사의 이익에 반하는 주장을 하기도 하고, 때로는 고객의 요구를 거부하며 며칠 동안 고객을 설득하기도 했다. 또한 외부 감리의 지적이 내부 상세 내용을 알지 못해 나온 것임을 철저한 근거를 가지고 끝까지 밝혀내기도 했다. 이해관계가 복잡해지면 복잡해질수록 누군가 한 사람, 오직 시스템의 품질을 위해 이야기해야 하는 사람이 필요하다면 바로 자신이 하겠다는 생각으로 일했다고 한다. 그래서 회사 사업부장들에게 소속이 어디냐는 핀잔을 듣기도 했다. 그러나 그의 생각과 소신이 시간이 지나면서 외부로 소문이 났고 고객들이 그를 찾게 된 것 같다고 했다.

　L상무에게 어떻게 그런 소신을 갖게 되었냐고 물었다. 사원 시절 주위의 일하는 분위기를 보니 모두 밤 10시까지 야근을 하는데 사실 저녁을 먹고 와 신문도 보고 잡담도 하면서 보내는 시간이 대부분이었다. L상무는 워낙 일의 본질에 집중하고 일의 우선순위에 따라 몰입하다 보니 늘 '내가 옳은 일을 하고 있는가?', '내가 그 일을 옳게 하고 있는가?' 자문하는 것이 본인의 좌우명이자 소신이 되었다고 한다. 그 외에 얽혀 있는 많은 이해관계, 환경, 조직 문화를 살짝 밀쳐낼 용기도 필요했다고 한다.

　처음에는 야근을 하지 않아 주위의 눈총도 적잖이 받았으나 그만큼 성과를 내니 오히려 상사로부터 누구처럼 하라는 얘기를 종종 듣게 되었다. 일의 핵심에 몰입하고 성과로 말한다! 나는 심리적으로 전혀 꿀리지 않고 본인의 일하는 스타일을 꿋꿋이 지켜내고 있는 L상무가 무척 자랑스럽다.

일 잘하는 사람은
조직을 읽는 능력부터 키운다

나는 임원이 된 후에야 경영자라는 좀 더 넓은 시각으로 조직을 바라보는 법을 배웠다. 일을 주도해 성과만 내면 되는 것이 아니라 그 과정에서 의사결정이 제대로 일어날 수 있도록 조직을 읽고 조직을 움직일 수 있어야 했다.

나는 이런 조직 메커니즘에 대해 제대로 알지 못한 상태로 임원이 되었고 스스로 깨지고 겪어본 후에야 깨달았다.

먼저 다가가는 자세를 통해 얻은 것들

사이버 아카데미는 쉽게 정착되지 않았다. 임원이 되고 나니 부장 시절에 개발한 사이버 아카데미가 활성화되지 못하는 것이 더 부담되었다. 최소한 어떤 노력이라도 해봐야 한다는 책임감이 들었다. '그룹 차원의 인프라를 개발했으니 그룹 차원에서 활용할 수 있는 방안에 초점을 맞춰보자.'

새로운 변화에 대해 일단 홍보를 해서 알리는 일은 한 셈이니 이제 인식을 높여야 했다. 왜 이런 변화가 필요한지, 사이버 아카데미를 통해 무엇이 달라질 수 있는지 강력히 주장하고 설득할 필요가 있었다.

임원이 되니 나는 그룹 차원의 여러 협의체 멤버가 되었다. 당연히 HR 협의체 멤버였다. 나는 사이버 교육에 대한 인식을 바꾸고 활용에 박차를 가해줄 가장 적합한 채널이라고 생각했다. 우선 관련 안건을 상정해 발표할 기회를 얻고 멤버 모두의 마음을 확 바꿀 수 있는 자료를 작성해야 했다. 발표 자료를 엄청 공을 들여 준비했다.

발표의 주된 내용은 크게 두 가지였다. 첫째는 사이버 아카데미의 활용을 적극적으로 도모하여 활성화할 필요가 있다는 점과 둘째는 그룹 차원의 통합시스템을 통해 활용해야 낭비도 줄이고 시너지가 날 수 있다는 점이었다. 비장한 각오로 준비했기에 큰 반응은 아니어도 조용한 끄덕임이 물결치지 않을까 은근히 기대했다.

그러나 반응은 싸늘했다. 게다가 LG전자가 강력하게 반대했다. 규모가 큰 LG전자는 그동안 독자적인 시스템을 개발한 상태였기 때문에 인화원이 개발한 시스템은 쓸 수 없다고 했다. 규모가 큰 회사는 자신의 특성을 살릴 수 있는 환경을 직접 조성하기도 하니 그룹 차원의 흡수나 통합의 가치를 느낄 수 없는 경우가 많다.

나의 접근법은 한마디로 실패였다. 회의가 끝나고 의장이 다가와 넌지시 피드백을 전했다.

"준비가 조금 부족한 듯해요."

반성도 되고 동시에 자존심도 상했다. 어느 정도는 받아들여지리라 생각했는데 내 예상보다 훨씬 더 냉담한 반응에 충격을 받았다.

나는 여러 협의체에 참여하며 나중에야 원인을 정확히 알 수 있었다. 통과된 안건들을 살펴보면 대부분 사전에 조율 작업을 끝내고 협의체에서는 일정한 절차를 거쳐 지지를 얻어냈다. 말하자면 내가 상정한 안건도 사전에 각 사를 찾아다니며 각 사가 어떤 입장인지 들어보고 협조를 요청했어야 했다. 대부분이 동의하고 설득되었을 때 안건을 올려야 했다. 한마디로 현황 파악이나 사전 준비가 매우 미흡했던 것이다. 아무리 열심히 준비했어도 의사결정 도구를 통해 한 번에 해결할 수 있는 일이 아니었다.

나는 이런 의사결정 과정을 경험할 기회가 적었던 데다 누구도 내게 가르쳐주지 않았기에 이런 식으로 접근할 생각조차 하지 못했다. 몹시 외로웠다. 내가 올린 안건이 지지를 받지 못했다는 사실보다 혼자 헤쳐 나가야 한다는 사실이 더 크고 무겁게 다가왔다. 한참이 지난 후에야 마음을 트고 얘기할 수 있는 동료 임원에게 이 얘기를 했다.

"모두 자기 일만 하기에도 너무 바빠요. 자기 코가 석 자이다 보니 남의 일이 눈에 안 들어와요. 게다가 여성이면 알려주고 싶어도 괜히 주제넘다는 생각이 들어서 더 다가가기 어렵죠."

그와 얘기를 나누며 많은 것을 새롭게 깨달았다. 조직 생활을 좀 더 일찍 시작했다면 그래서 선후배 관계가 조금 더 탄탄했더라면 더 편하게 선배들에게 다가가 묻고 때로 선배가 미흡한 후배를 불러서 가르쳐줄 수도 있었을 것이다. 하지만 나도 적극적으로 묻지 않았고 그들도 구태여 나서서 알려줄 필요도 없었을 테고 쉽지도 않았을 것이다. 게다가 누구도 여성인 나에게 먼저 다가와 일에 대해 조언하거나 방법을 알려주기는 더욱 어려웠을 것이다. 결국 이런 상황들이 나를 점점 더 외롭게 만들었다.

기업에서 경영을 배우고 조직 생활을 하는 데 배워야 할 것이 정말 많다는 것을 다시 한 번 깨달았다. 혼자 터득하기에는 분명 한계가 있었다. 누구도 나의 일에 선뜻 나서기는 어렵다. 당시 조직에서 유일무이한 나는 겉으로 보기에는 수많은 사람이 바라보는 위치에 있지만 실상은 아무도 다가오지 않는 고립무원의 혼자가 되기 딱 좋은 상황에 있는 것이다. 그러다 보면 결국 누구도 알지 못하는 무관심의 대상이 되어버릴 수도 있었다. 이것을 타개할 방법은 딱 하나다. 왜 미리 알려주지 않았냐며 누가 다가와 주기를 바라고 섭섭해 해봤자 피해의식만 깊어지고 달라지는 것은 아무것도 없을 것이다. 결론은 내가 다가가는 것이었다.

우선 인화원에 교육받으러 오는 교육생들에게 다가갔다. 오가며 수시로 말을 걸었다. 교육이 어땠는지, 인화원에 오면 어떤 점이 좋은지, 불편하거나 힘든 점은 없는지. 막상 먼저 다가가니 내가 대화하고자 하는 내용은 오히려 중요치 않았다. 내가 말을 건다는 사실을 무척 반기는 것 같았다. 이런 대화는 각 사에서 오는 많은 사원과 개인적인 친분으로 이어지기도 했다.

특히 임원 교육을 받으러 오는 임원들에게 효과가 좋았다. 임원들도 인화원에서 1년에 일정량의 교육을 반드시 받아야 했다. 의무 교육이수제에서 임원은 예외였으나 인화원이 오랜 기간에 걸쳐 공들여 제도를 정착시켰다. 처음에는 임원들의 불만도 많았다. 바쁜 임원들이 교육받을 시간을 내기 어려운 현실적인 문제가 있었다. 그럼에도 불구하고 급변하는 환경에서는 임원일수록 더욱 부지런히 배워야 한다는 취지였다. 이때 인화원은 반드시 최고의 질이 보장되는 교육을 제공해야 한다. 어떤 교육이든 중요하지만 리더의 영향력을 생각하면 임원 교육에 더 공을 들이는 것이 당연한 일이기도 했다.

어렵게 시간을 내어 교육을 받으러 오는 임원들에게 내가 먼저 다가가 말을 거니 자연스럽게 주위에 사람이 모였다. 이제 더는 외로운 여성 임원이 아니었다. 특히 해외 주재 임원이 교육받으러 왔을 때는 반드시 먼저 다가가 일대일로 대화를 나누었다. "○○○에서 많이 힘드시죠!" 하고 말을 걸면 상대방은 기다렸다는 듯 많은 이야기들을 쏟아내곤 했다.

이런 노력으로 나는 뜻하지 않게 많은 정보를 얻을 수 있었다. 비즈니스와 조직의 살아있는 온갖 정보를 인화원에 앉아서 들을 수 있었다. 게다가 다양한 임원들과 친분을 쌓을 수도 있었다.

나는 그들의 말을 귀 기울여 들었을 뿐인데 나에게는 어떤 말을 해도 편하다며 조직 내 온갖 어려움을 하소연하기도 했다. 나는 그때마다 "너무 힘드시겠다."며 진심으로 공감해주었다. 다 얘기하고 나면 항상 속이 후련하다며 "내가 이 맛에 바쁜데도 인화원에 교육받으러 와요."라고 했다. 나는 누군가에게 숨통을 터주는 존재가 될 수 있다는 것이, 또 신뢰받고 있다는 것이 무척 뿌듯했다.

정치는 알되 정치적이지는 마라

사실 이런 과정 속에서 자연스럽게 나도 터놓고 얘기하고 싶고 의논하고 싶고 배우고 싶은 멘토를 찾을 수 있었다. 멘토는 꼭 한 사람일 필요는 없다. 누구도 완벽할 수 없으며 모든 사람들은 저마다 그 사람만의 강점을 가지고 있다. 다만 멘토로 삼을 때는 반드시 상대방도 나에게 인간적인 관심과 애정이 있어야 한다. 그것은 자연스레 드러나기 때문이다.

많은 여성이 여성의 멘토는 여성이어야 한다고 생각한다. 반드시 그럴 필요는 없다. 나는 주위에 여성 선배가 없기도 했지만 남성 멘토를 통해 객관화된 나를 그리고 남성 속의 여성인 나를 더 잘 볼 수 있었다. 멘토들은 내가 나의 문제를 자신과 나누고 자신의 의견을 귀담아듣는다는 사실을 매우 기쁘게 생각했다. 나는 멘토와의 관계를 통해 책에 나오는 이론이 아닌 오랜 실전 경험 속에서 우러나는 귀한 교훈을 얻을 수 있었다.

먼저 다가가는 자세로 얻은 것은 그뿐만이 아니었다. 어느 사회나 조직이든 그 조직을 움직이는 사람들이 있다. 리더들의 리더라고 할 수 있다. 이들의 자연스러운 모임을 소위 '이너서클'이라고 칭하기도 한다. 이곳에서는 최고의 의사결정을 내리는 데 필요한 많은 정보와 의견이 오간다.

혼자 고군분투할 때는 언제나 꼭 필요한 정보가 나에게만 없는 것 같았다. 누구나 친절했지만 그 이상도 이하도 아닌 듯싶었다. 그러나 많은 사람에게 내가 먼저 다가가니 모든 것이 자연스럽게 해결되었다.

인간은 매우 사회적인 동물이다. 인간이 모이는 어떤 형태의 조직에서든 반드시 '정치'라는 것이 존재한다. 지극히 자연스러운 현상이다. 내가 겪어본 여성 직장인들의 특성 중 두드러지는 것은 윤리의식이다. 대부분이 깨끗하고 올바른 윤리의식을 갖고 있다. 매우 중요한 장점이다. 어떤 조직에서든 좋은 기여를 할 수 있다. 그런데 이상하게도 많은 여성들이 정치라는 얘기가 나오면 손사래를 치며 피하려는 경향이 있다. 정치는 속물스럽다는 선입견을 많이 갖고 있기 때문이다.

진정한 영향력을 발휘하는 리더가 되려면 반드시 조직이 어떻게 움직이는지, 조직 내에서 어떤 정치가 일어나고 있는지 알아야 한다. 여기서 반드시 주의할 점이 있다. 정치를 알되 정치적이지는 말아야 한다는 것이다. 특히 여성이 지나치게 정치적일 때는 자칫 쓸모없는 정치적인 게임에 휘둘릴 수 있다. 그리고 비판받는 존재가 되기 쉽다.

내가 귀한 정보를 많이 알게 됐을 때 여간해서는 내가 먼저 안다고 얘기해본 적이 없다. 가끔 귀한 정보가 특권인 양 오갈 때는 "저도 알고 있습니다."라고 말하는 것으로 족했다. 귀한 정보는 나의 일신이 아닌 내가 하는 '일'에 귀하게 쓰면 된다. 정치를 알고 귀하게 활용하면 되는 것이다. 이렇게 하다 보니 치열한 정글에서 더는 고립무원의 외로운 오리가 아닐 수 있었다.

먼저 다가가는 자세로 얻게 된 많은 것들은 당장 내가 하는 일에 큰 도움이 되기도 했지만 나는 그런 관계를 통해 인간적으로 더 큰 성장을 할 수 있었다.

LG에서 만난 많은 멘토는 내 인생에 너무 감사한 분들이다. 퇴임하고 나서도 일하면서 맺은 많은 멘토와 만남을 이어가고 있다. 그들은 인생의 영원한 스승이다.

지혜로운 자는 일의 본질에 매달린다

일할 때는 무엇보다 일의 본질과 핵심에 천착해야 한다. 어려운 과제일수록 복잡한 과제일수록 기본에 더 충실해야 한다. 이것이 내가 일하며 터득한 왕도다.

어떤 일이든 주변에 장애 요인과 방해 요소가 쌓여 있다. 타협하면 쉽게 갈 수 있다. 적당한 목표를 세우면 쉽게 달성할 수도 있다. 그러나 그 효과가 절대적일 수는 없다. 또는 근본적인 변화를 일으키기 어렵다.

세상이 발전하는 이유는 끊임없이 변화하기 때문이다. 비단 과학 분야만이 아니다. 예술도 지금까지 세상을 바라보던 눈이 아닌 새로운 관점으로 사물을 바라볼 때 종래에는 상상하지 못했던 예술이 탄생한다. 조직도 마찬가지다.

생생한 현장의 목소리를 들려주는 교육

요즘은 일방적으로 강사의 강의를 듣는 교육 방식이 줄고 참가자들이 직접 발표하고 토론하며 참여하는 교육 방식이 늘고 있다. 강사는 '퍼실리테이터'Facilitator라는 명칭으로 역할도 바뀌어 참가자들에게 주도권을 넘기고 전체 방향을 잡거나 중간 중간 참여를 독려하는 역할을 주로 하기도 한다.

예전 교육은 전적으로 강사가 진행하는 형식이 대부분이었다. 질의응답 없이 강사의 강의만으로 끝나는 강의도 부지기수였다. 이러다 보니 수동적으로 듣는 데만 익숙해서 강사가 질문해도 모두 눈을 아래로 깔고 답을 피하기 일쑤였다.

기업 교육은 1980년대에 기업이 급성장하며 내부 직원의 역량을 높이기 위해 시작되었다. 초기에는 교육부서는 있어도 충분한 교육장을 회사 내에 갖출 수가 없어 외부 교육장을 찾아다녔다고 한다. 기업의 성과가 좋아지고 여유가 생기면서 주요 대기업들이 비교적 거리가 가까운 수도권 외곽 지역에 연수원 시설을 갖추었다. 본격적으로 기업 교육을 펼칠 수 있는 장을 마련한 것이다. 당시 교육 프로그램은 대부분 기업 활동에 필요한 전문지식을 다루었다. 회계, 마케팅, 구매, 비즈니스 영어와 같은 과정들이다. 당연히 강사는 그 분야에 능통한 전문강사나 대학교수 들이 맡았다.

수많은 교육을 진행하며 당연히 교육 효과에 대해 끊임없이 고민했다. 시간이 갈수록 기업 교육이 전문지식을 전달하고 내용을 학습하는 데 그친다면 과연 회사로 돌아가 본인이 맡은 업무를 수행하는 데 얼마나 도움이 될까 생각하게 되었다.

학교 교육에서는 교육의 활용보다 교육의 본질적인 면에 더 치중하는 것이 적합하다. 그러나 기업 교육은 교육을 받았으면 해당 교육이 성과 창출에 얼마나 영향을 주는지 활용도를 따져야 한다. 그래야 교육하는 의미가 있는 것이다. 소위 ROI Return on Investment, 투자를 했으면 결과가 무엇이냐를 따지는 것이다. 이런 고민을 거듭하다 보니 일차적인 전문지식 습득만으로는 부족했다. 현장 업무와 연결고리가 있어야 했다. 현실적으로 부닥치고 있는 현안을 놓고 더 나은 해법을 만들 수 있을 때 교육 효과가 있는 것이다. 거기까지 고려하지 않으면 반쪽 교육인 셈이다.

강사들의 강의는 내용으로는 충분할지 몰라도 현장과 연계하기에는 턱없이 부족해 보였다. 당연한 것이 전문강사든 대학교수든 원론적인 내용을 강의하는 강사들은 현업에서 일한 경험이 적다. 현업에서도 유용한 교육을 어떻게 만들 수 있을지 고민이 깊어졌다. 현장의 이슈로 실습하듯이 고민하고 토론하는 시스템을 도입하려 했지만 우선 교육을 이끄는 강사가 현업 경험이 없다 보니 원활하고 활기찬 진행을 하기 어려웠다. 게다가 수동적으로 강의를 듣는 데만 익숙한 참가자들의 습성을 깨며 강의를 이끌어 갈만 한 강사의 수도 턱없이 부족했다.

이런 한계를 극복할 방안을 고민하다 보니 바로 해당 업무를 맡고 풍부한 경험을 갖춘 내부 직원들이 하면 된다는 결론이 나왔다. 문제는 이 정도의 경험을 갖추고 교육을 할 수 있으려면 적어도 임원급은 되어야 가능했다. 분야별 임원들이 인화원에 내려와 교육한다면 금상첨화일 것 같았다. 그런데 대기업의 임원은 어떤 사람들인가? 한마디로 몸이 두 쪽이 나도 시원치 않을 만큼 바쁜 사람들이다.

어려운 문제일수록 이론적으로 '이거다'라는 결론이 가장 최선의 답이라 하더라도 쉽게 진행하지 못하는 데는 다 그만한 이유가 있다. 만만치 않은 장애요소들이 곳곳에 도사리고 있었다.

나는 한번 고민을 시작하면 끝까지 생각에 생각을 거듭해보고 나름대로 '이거다'라는 결론을 얻으면 반드시 해봐야 직성이 풀린다. 안 될 때 안 되더라도 일단 시도해봐야 하지 않겠는가. 내가 이런 심정을 얘기하면 항상 주위에서는 "우리도 그런 생각을 못 해서 안한 게 아닙니다. 안 되는 데는 이유가 있는 거예요."라는 충고를 듣곤 했다. 그러나 해보지도 않고 접는 게 나에게는 더 힘든 일이었다.

자! 이제 어떻게 접근해야 할까. 이차적인 고민이 시작되었다. 마케팅 부문에서 달인이라고 소문난 K임원에게 접근했다. 반응은 어땠을까? '왜 임원을 모셔야' 하는지에 대한 나의 장황하지만 결기 어린 논리에도 불구하고 거절을 당하고 말았다.

"왜 교육을 저에게 부탁하세요? 교육은 교육하는 사람들이 알아서 해야죠."

이렇게 말한 K임원은 너무 단호하게 거절했다고 느꼈는지 자기의 어려운 사정을 얘기하며 오히려 이해해 달라고 호소했다. 나의 열정은 높이 사지만 자신이 맡은 일을 감당하기에도 너무 벅차다는 것이다.

그의 입장은 충분히 이해되었다. 내 얘기를 들어준 것만으로도 감사하다며 인사하고 돌아 나왔다. 사실 거절당한 것보다 '교육은 교육하는 사람들이 알아서 하세요'라는 말이 더 마음에 걸렸다. '쉽게 접근하려 든다는 인상을 받는 게 아닐까' 하는 자각이 들었다. 그렇게 생각하는 상대방의 입장도 충분히 이해할 수 있었다. 그러나 아무리 곱씹어 보아도 쉽게 해결하려는 의도는 전혀 없었다. 이 문제의 본질이 이런 접근을 하게 만든 것이다. 나는 이 방법이 효과가 있을 거라는 확신이 있었다. 다시 생각하고 또 생각해도 이것이 맞다면 어렵더라도 다시 시도해야 한다는 결론이 나왔다.

한참 시간이 흐른 후 K임원과 식사 자리를 마련했다. 마침 K임원은 내가 잠시 여의도 본사에서 근무하던 시절에 오며 가며 친분을 쌓아둔 사이였다. K임원과 나는 맡은 일에 관한 얘기를 주로 나누었다. 임원들의 머릿속은 항상 일로 꽉 차 있게 마련이다. 서로의 일에 대한 포부나 어려움에 대해 즐겁게 그러나 꽤 진지하게 대화를 나누었다. 자리의 말미에 나는 나도 모르게 나의 교육철학을 설파했다. 어떻게 기업에 들어오게 되었는지, 기업에서 열심히 생산적인 결과를 만들어내며 일하는 사람들을 보고 늘 감동하고 있는 점, 기업 교육이 학교 교육과는 정말 다르다는 점, 이왕 기업 교육의 선봉에 섰는데 기업이 추구하는 성과에 직접적으로 기여하고 싶은 열망, 그런데 그것이 혼자만의 힘으로는 부족하다는 점 등을 편안하고 솔직하게 이야기했다.

K임원은 내색은 안 했지만 '교육하는 사람들도 매우 깊은 고민을 하는구나' 하고 처음 느낀 듯했다. 당시 기업 교육에 대한 인식은 매우 낮았다. 기업에서 교육 부문은 돈을 벌지는 못하고 쓰기만 하는 부서라는 인식이 강했다. 그리고 많은 사람의 일반적인 생각이 교육하면 좋기야 하겠지만 과연 얼마나 효과가 있을까 의구심을 느끼는 쪽이 더 많았다. 그러니 교육받으러 가는 것을 현장의 일은 잠시 잊고 머리나 식히고 오자는 인식이 당연한 일로 여겨질 때였다.

마지막으로 왜 내가 이런 부탁을 하는지, 지금 시도해보고 싶은 것이 무엇인지, 결국 내부 구성원을 우리 스스로 육성해야 더 좋은 성과를 만들어낼 수 있다는 확신이 있으니 누군가 도움을 줄 첫 선

구자를 맹렬히 찾고 있다고 했다.

내 얘기를 조용히 듣고 있던 K임원은 빙그레 미소를 지었다. 그리고 자리를 파하기 전에 강의 날짜를 잡을 수 있었다.

작은 변화와 실천이 결과를 가져다준다

K임원이 인화원으로 강의하러 온 날 그의 얼굴은 그다지 밝지 않았다.

"준비하는 데 이렇게 시간이 많이 걸릴 줄은 몰랐어요. 내가 잠시 윤 상무님 스피치에 감동해서 오케이 했다가 이걸 왜 맡았는지 후회 막급입니다. 지금 할 일이 태산인데……. 이번 한 번뿐이니 다시는 부탁하지 말아 주세요."

K임원은 나에게 내뱉듯이 말하고는 강의장으로 휙 들어가 버렸다. 빨리 숙제를 마치고 내 일로 돌아가야겠다는 기색이 완연했다.

그의 말에 나도 마음이 무거웠다. 내가 왜 모르겠는가 여러 사람 앞에서 강의를 하려면 사실 강의 내용 이외에도 어마어마한 준비를 해야 한다는 것을. 강의장 뒤에서 지켜보는데 내가 더 긴장이 되었다.

강의를 시작한 K임원은 시간이 지날수록 자기도 모르게 열강을 하고 있었다. 참가자들의 반응은 당연히 좋았다. 놀라운 것은 질문이 봇물처럼 쏟아졌다는 것이다. K임원은 질문마다 아주 진솔하고

성의 있게 답해주었다. 예상했던 강의시간이 훨씬 지나서야 강연을 끝낼 수 있었다. 나는 참가자들의 쏟아지는 질문을 들으며 무척 즐거웠지만 한편으로는 시간이 초과되는 것이 조마조마하기도 했다.

강의가 끝나자마자 K임원에게 재빠르게 뛰어가 진심으로 감사하다고 말했다. K임원은 다음 일정에 쫓기는 터라 내 얘기를 듣는 둥 마는 둥 황급히 차를 타고 떠났다.

참가자들의 피드백은 무척 좋았다. 시간이 모자랄 만큼 물어보고 싶은 게 많았고 다음에도 이런 강연을 진행해주면 좋겠다고 했다. 나는 참가자들의 피드백을 들으며 회심의 미소를 지었지만 한편으로는 난감하기도 했다. 좋은 피드백을 들었지만 현업에 바쁜 임원을 모시는 게 너무 힘들어 지속해서 진행할 수 있을지 장담할 수 없었다.

착잡한 기분으로 자리로 돌아와 조용히 눈을 감고 생각에 잠겨있는데 K임원으로부터 전화가 왔다. 약간 긴장이 되었다. 강의하면서 불편한 점이 있었나…….

"윤 상무님, 좋은 기회 주셔서 내가 오히려 감사하네요. 워낙 바쁘니까 준비할 때는 진짜 짜증이 났었는데 오늘 참가자들의 질문을 듣고 많은 생각이 듭니다. 정신없이 일만 했는데 질문에 답하면서 그간 내가 해온 일들이 굉장히 잘 정리되더라고요. 다시 생각해볼 것도 많이 떠올랐고요. 이런 상호작용을 많이 할수록 제 일에 도움이 될 것 같아요. 다음에 기회 주시면 한 번 더 할게요."

빙고! 그 후 K임원은 내가 부탁할 때마다 선선히 인화원으로 와주었다. 강의장은 항상 활기찼고 끝나고 나서도 참가자들이 줄을 서 기다렸다. 나는 다른 임원들을 유치하는 데 이 사례를 적극적으로 활용했다. K임원도 인화원에서 강의하는 게 손해 보는 게 절대 아니라고 적극적으로 홍보해주었다.

한동안 현장의 임원들을 강사로 초빙하느라 애를 썼지만 시간이 지나며 인화원에서 강의하고 싶다는 임원이 늘어나기 시작했다.

어느 날 S차장이 약간 흥분된 얼굴로 내 방에 들어왔다. 어느 임원한테 받은 메일을 출력해 들고 왔다. 메일을 보낸 임원은 올해 신임 임원으로 선임되었는데 그가 이루어낸 성공 사례가 너무 좋아 임원 교육 과정에 강의 요청을 했다고 한다. 그랬더니 그 임원이 담당자인 S차장한테 메일을 보낸 것이다. 내용인즉슨, 신임 임원임에도 불구하고 본인의 작은 업적을 내로라하는 선배 임원들 앞에서 강의할 기회를 주어 너무 감사하며 열과 성을 다해 철저히 준비해 좋은 강의를 하겠다는 내용이었다. 마치 어린 후배 직원한테 충성 맹세를 하는 듯한 톤이었다. 이런 내용의 메일을 선배 임원으로부터 받은 S차장이 더 흥분한 눈치였다.

S차장은 이런 말을 나에게 남겼다.

"상무님, 저 솔직히 상무님이 전화통에 매달려 여기저기 전화하실 때 저렇게까지 하셔야 하나 싶고 좀 싫었거든요. 이제는 제가 완전히 잘못 생각했다는 걸 인정합니다. 상무님, 존경합니다."

내가 인화원에서 일한 초기에 기업에서 교육의 위상은 매우 미미하고 낮았다. 그러나 실망하거나 좌절하지 않았다. 분명 크게 이바지할 역할이 있다고 확신했다. 그 역할이 항상 거창할 필요는 없다. 변화와 혁신이 필요한 일, 그 결과가 지금보다 세상에 보탬이 될 만한 일은 항상 우리 주위에 숨어 있다.

외부 강사를 내부 강사로 바꾼 일이 뭐 그리 큰일이냐고 할 수도 있다. 그러나 그때는 큰일이었다. 작은 변화가, 작은 실천이 실체 있는 더 나은 무언가를 안겨주었다. 그로 인한 기쁨과 보람이 나를 더욱더 나아가게 만들었다. 또한 부수적인 배움도 있었다. 일을 통해 사람을 제대로 볼 수 있었고 세상을 배울 수 있었다. 그리고 이를 통해 내 나름대로의 통찰력을 키울 수 있었다. 시간이 갈수록 내가 더 성장하고 있음을 느꼈다. 나는 점점 이러한 나의 성장이 일 자체의 성공보다 좋았다.

작은 성공의 경험이
큰 성공을 만든다

하고자 하는 일에 확신이 있다면 두려워 말고 믿음을 갖고 임해야 한다. 어려움을 극복하면 언제나 상상하지 못한 결과가 기다리고 있다. 나는 임원을 사내강사로 활용하는 방안을 통해 일의 본질을 보는 법을 배웠다. 성공 경험을 통해 자신감을 얻을 수 있었다. 자신감은 자만이 아니다. 자신감을 얻고 나니 믿음과 소신이 생겼다. 올바른 판단으로 생긴 소신이라면 주저할 것이 없다. 때로는 과감히 도전할 필요도 있다. 올바른 소신으로 빚어진 도전은 세상을 변화시킨다. 작은 변화든 큰 변화든 말이다.

우수 사원을 우수 강사로

'교육은 교육하는 사람이 알아서 하세요'라는 인식을 극복하고 임원을 강사로 활용하는 방안이 성공적으로 진행되자 나는 자신감이 생겼다. '인재육성은 다 같이 해야 한다'는 나의 철학이 그룹 내에 어느 정도 인식되고 실천하게 된 셈이었다. 다만 이 개념을 좀 더 확장해야 할 부분이 있었다.

바로 신입사원 교육이었다. "대기업의 신입사원 교육은 돈을 내고 따로 들어도 좋다."는 말이 있을 정도로 내용이 알차고 힘들지만 그만큼 효과가 있다고 정평이 나 있다. 신입사원 교육은 주로 2~3주 정도의 장기 합숙 훈련 형태로 진행된다. 학교에서는 부모님과 선생님의 보호와 지원 아래 인간의 기본과 세상을 살아가는 데 필요한 기초지식을 가르친다면 직장 생활의 첫 관문인 신입사원 교육은 이제 사회에 발을 내딛고 각자 생존하는 데 필요한 기초 지식과 자세를 가르치는 셈이다.

대기업의 규모에 따라, 경영 성과에 따라 선발하는 신입사원의 규모가 다르긴 하지만 매년 선발하는 신입사원의 수는 수천 명에 이른다. 이제 가정과 학교를 벗어난 풋내기들은 조직이라는 테두리 안에서 새 생활을 시작하는 것이다. 당연히 본격적인 업무를 시작하기 전에 조직의 경영 철학과 문화를 배워야 한다. 혼자 공부하고 연마하는 것이 아니라 같이 이루어내고 성과를 내야 하므로 팀워크도 배운다. 또한 군대 훈련 못지않은 극기훈련도 포함되었다.

10여 년 동안 신입사원 교육을 진행하며 매년 수천 명의 젊은 사원들을 만나고 겪다보니 트렌드라고 할까. 시대 변화도 읽을 수 있다. 우선 가장 확연히 드러나는 것은 외모 변화다. 신장은 길어지고 얼굴이 모두 자그마해졌다. 이전과 비교해 사원들의 표현이 훨씬 적극적이라는 것을 실감하기도 했다. 발표도 잘하고 자신의 의사 표현을 분명히 한다. 그런가 하면 극기훈련에 임하는 자세는 예전만 못하다. 극기훈련은 주로 밤을 새워 인근 야산으로 야간산행을 했는데, 만약의 경우에 대비해 준비한 구급차에 일찌감치 달려가 두 손을 드는 자발적 중도 포기자나 낙오자가 매년 늘었다. 아무래도 우리 교육의 현주소가 그럴 것이다.

기본 예의가 해이해진 면도 보였다. 세면실에서 나누어준 칫솔의 플라스틱 포장지를 쓰레기통에 버리지 않고 바닥에 마구 버리는 사원들도 있었다. 퇴소할 때쯤에는 이런 태도는 사라지긴 하지만.

처음 신입사원 교육을 했던 때와 비교해 눈에 띄게 달라진 점은 여성 사원의 적극성이다. 주도적으로 좌중을 압도하는 여성 사원이 자주 눈에 띈다. 그러나 애석하게도 여전히 크게 변하지 않은 것은 여성 사원의 비율이다. 10여 년의 긴 세월 동안 15퍼센트에서 20~25퍼센트 정도로 늘었다. 이제는 당연히 남성과 여성 사원의 비율이 반반은 되어야 할 텐데 말이다.

신입사원 교육에는 해마다 고질적으로 반복되는 큰 이슈가 있었다. 대규모 인원을 동시에 교육해야 하니 교육장이 턱없이 부족했고 교육 담당자 수도 문제가 되었다. 교육장 문제는 그런대로 대안을 세워 주 단위로 외부 교육장과 LG의 교육 본산인 인화원을 번갈아 사용하며 동시에 진행하기도 했다. 문제는 교육을 담당할 교육 담당자의 숫자였다. 인화원 신입사원 교육팀만으로는 도저히 충당이 되지 않아 인화원의 전 직원이 동원되기도 하고, 그것도 모자라 각 계열사 교육부서에 손을 벌려야 했다.

기업은 치열한 곳이다. 계열사마다 교육부서가 할 일이 태산인데 때만 되면 인화원은 손을 벌리는 것이다. 신입사원 교육은 담당자가 잠을 제대로 잘 수 없을 만큼 준비할 것도 많고 교육 외 시간에 벌어지는 수많은 일도 관리해야만 한다. 게다가 교육 기간은 좀 긴가. 그러니 담당자는 매일 출퇴근할 수가 없어 아예 인화원에서 장기 투숙을 해야만 한다. 심지어 세 살짜리 아들을 둔 담당자가 몇 달 만에 집에 돌아갔더니 아들이 아빠를 못 알아보더란다. 눈물 나는 얘기다.

이러다 보니 매년 신입사원 교육 철이 다가오면 인화원의 교육부서와 계열사 교육부서 간에는 팽팽한 신경전이 벌어지다 못해 언쟁이 오가기도 했다. 차라리 외부에서 훈련된 교육 담당자를 고용해서 쓰라는 것이다. 그러나 인화원의 철학은 '조직에 들어온 새내기들의 교육은 반드시 우리 손으로 한다'였다.

이 이슈는 오랜 기간 돌파구를 마련하지 못한 묵은 골칫거리였다.

인화원이 내부 워크숍을 할 때마다 단골 안건으로 올라오는 해결해야 할 중대한 과제였지만 시원한 해결책을 찾지 못하다보니 이제는 당연히 '이 이슈는 어쩔 수 없다'며 접고 들어가는 문제가 되었다.

사실 해결 방안이 없는 건 아니었다. 각 사에서 활동하고 있는 선배들을 모든 계열사에서 고루 차출하는 방안이 가장 이상적인 해결 방안이었다. 그러나 방안을 내놓고도 우리 스스로 현실적으로는 실행이 불가능하다며 접어버리곤 했다.

신입사원을 교육할 때 탁월한 교육생은 눈에 띄고 기록에 남는다. 이들을 추적해 여전히 탁월한 성과자로 일하고 있는지 확인하고 교육 담당자로 활용하면 되는 것이다. 교육을 받은 후 4~5년 정도 지나면 대부분 대리로 승진하고 이미 조직의 많은 것을 습득한 상태다. 이들을 선배로, 선생으로 활용하면 얼마나 열정적으로 그들의 신선한 경험을 담아 산 교육을 하겠는가? 교육부서의 나이 든 차장, 부장급 선배가 교조적으로 이래야 한다, 저래야 한다고 가르치는 것보다 훨씬 더 현장의 생생한 경험과 노하우를 나눌 수 있을 것이다.

하지만 이렇게 하려면 알고 있는 것과 가르치는 것은 엄연히 다르니 이들에게 강사 교육을 철저히 해야 한다. 이상적이기는 하나 교육 기간에 강사 교육 기간까지 고려하면 각자 맡은 현업에서 엄청난 시간을 빼야 한다는 결론이 나온다.

그보다 더 근본적인 문제는 어느 계열사가 바빠 죽겠는데 이 많은 사원을 인화원의 교육 담당자로 빼주겠는가? 그룹 차원으로 밀어붙인다 해도 직속 상사가 절대로 안 된다고 손사래를 칠 것이다. 그룹 차원에서 제도화하기도 거의 불가능에 가까운 일이지만 이런 문제는 제도화해도 잘 실행이 안 될 것이 뻔했다. 섣불리 시도했다가는 여기 저기서 일어나는 문제 제기로 인화원의 큰 실책이 될 수도 있었다.

나는 이상적으로는 합당한 해결책이지만 현실적으로는 불가능에 가까운 해결책 사이에서 깊은 고민에 빠졌다. 아무리 생각하고 또 생각해도 이들을 활용해 인화원이 좀 더 편하고 효율적인 운영을 하려는 것이 아니었다. 교육 효과를 생각할 때 꼭 필요한 변화였다. 본질적인 핵심이 이것이라면 어렵더라도 추진해볼 가치가 있다는 확신이 들었다.

우선 떠오르는 방법은 ㈜LG를 설득해 그룹 차원의 결정을 얻어내거나 그룹 차원의 HR 협의체를 활용하는 방법이었다. 아니면 각 사를 일일이 찾아다니며 호소하여 인식을 바꾸고 동의를 구하여 지원을 얻어내는 방법도 있었다. 전자의 경우가 더 쉬운 방법이지만 일방적으로 업무 지시가 내려졌을 때 과연 안정적으로 이 제도가 정착할 수 있을지 확신하기 어려웠다. 심사숙고 끝에 각 사를 직접 방문하기로 했다. 주요 사만 방문해도 수십 군데였다. 그러나 결과를 생각한다면 망설일 일이 아니었다. 오히려 지체하지 말고 나서야 했다. 시간이 아까웠다.

나는 먼저 HR 임원을 만났다. 그리고 HR 임원과 함께 CEO를 만났다. 솔직히 바쁜 CEO를 만나기는 쉽지 않았다. 하지만 최대한 부드러운 자세로 요청할 때면 비교적 그 방법이 잘 통하기도 했다. 이 것은 여성이 가진 장점이기도 했다. 나는 여성이라는 점이 이점으로 활용될 수 있다면 120퍼센트 활용했다. 단, 사적인 일에는 엄격했 다. 그러나 공적인 일에는 적극적으로 활용했다. 왜 우수한 선배가 신입사원 교육을 해야 하는지 나직한 목소리로 웅변했다.

반응은 의외였다. 반대나 뜨악함이 없었다. 당연히 그렇게 해야 한다는 분위기였다. 오히려 설득하려고 간 내가 놀랐다. 그동안 HR 이나 인재육성에 대한 인식이 얼마나 많이 바뀌었는지 실감할 수 있 었다. 인화원 전 직원이 함께 밤낮으로 고민하고 애쓰며 가꿔온 열 매가 이제야 결실을 맺는구나 싶어 마음이 벅찼다.

올바른 소신으로 빚어진 도전은 세상을 바꾼다

각 사의 전적인 지지를 받으며 실행에 들어갔다. 이 정도 지지를 얻었으면 그다음은 무조건 최선을 다해 최상의 수준으로 해내야만 한다. 엄격한 기준으로 각 사에서 신입사원 선배 강사를 선발했다. 우수 사원을 우수 강사로 만들어야 했다. 이들을 교육하는 과정 자 체를 매우 정교하게 개발해 교육을 통한 훈련에 들어갔다.

전혀 예상치 못한 일이 일어났다. 이들의 교육열은 대단했다. 각 사의 명예를 걸고 임하는 자세였다. 상사가 회사의 이름을 걸고 잘하고 오라는 당부를 했다고 한다. 강사 교육을 받고 돌아가 실제 교육에 임할 때까지 출퇴근하는 전철 안에서도 메모지를 들고 연습했다고 한다.

교육 효과는 가히 폭발적이었다. 교육장에 생기가 넘쳤다. 가장 좋은 교육은 학생이 스승이 되어 보는 것이다. 배운 것을 가르쳐볼 때 진정한 학습이 일어난다. 선배 강사의 열기가 넘치다 못해 선의의 경쟁이 한마디로 장난이 아니었다. 그들은 모두 각자가 속한 회사의 대표 같았다.

신입사원 교육이 끝나고 선배 강사들에게 감사의 뜻을 표하고자 인화원에서는 참여한 모든 선배 강사들을 모아 자리를 마련했다. 다양한 주제로 상을 주며 격려했다. 선배 강사로서의 경험을 나누는 순서는 감동의 도가니였다. 저마다 글로 정리해서 낭독하는데 많은 선배 강사가 울먹였다. 회사에 입사한 이래 가장 보람 있었고 가장 많이 배웠으며 앞으로 훌륭한 선배로 남겠다는 각오를 저마다의 목소리로 진정성 있고 재치 있게 나누었다.

이 자리에는 각 사 HR 임원을 초청했다. 이 모습을 보고 모두 감동한 눈치였다. 그 후 인화원 신입사원 교육에 선배 강사로 선발되는 것은 개인적으로도 영광이었고 인사고과에 가산점을 받는 전통이 저절로 생겼다.

소신껏 한 일은
진정한 배움을 선물한다

인화원이 가장 신경을 쓰는 프로그램은 사장단 전략회의다. 명칭은 시대에 따라 바뀌기도 했지만 프로그램의 성격은 LG그룹 차원의 전략회의다. 이른바 사장단, 회장단의 전략회의인 셈이다.

매년 연초에 1박 2일로 회장님과 각 계열사 사장들이 모여 그룹의 전략을 논의한다. 그룹의 방향을 정하는 막중한 영향력을 가진 회의여서 가장 중요하고 준비하기 힘든 프로그램으로 정평이 나 있었다. 오죽하면 6,000명 신입사원 교육을 아무리 잘해도 이 프로그램을 잘하지 못하면 인화원은 일 년 농사 망친다는 우스갯소리가 있겠는가. 인화원 직원 누구도 결코 신입사원 교육이 덜 중요한 프로그램이라고 생각하거나 소홀히 한 적은 없으나 사장단 전략회의가 훨씬 더 신경이 쓰이는 프로그램인 것만은 확실했다.

나는 이 프로그램을 포함한 임원 교육을 주관하는 센터의 센터장을 8년이나 맡았다. 임원이 된 첫해에 이 프로그램을 주관했고 몇 년 다른 센터를 맡았다가 다시 이 센터를 7년 동안 맡았다.

이 프로그램은 진행도 신경이 쓰이지만 개발 과정은 더 신경이 쓰인다. 매년 프로그램의 주제를 잡고 세부 내용을 정해가는 기획 단계부터 전 개발 과정이 6개월 이상 걸릴 뿐 아니라 프로그램의 이해관계자가 너무 많았다. 주관하는 곳은 인화원이나 인화원이 오롯이 이 프로그램의 주인일 수 없는 상황이었다.

그룹 차원의 전략 방향이 반영되어야 하므로 그룹과 협업해야 하고 주제 분야의 연구와 조사를 진행할 경제연구원과도 협업해야 한다. 또한 참가자인 각 계열사 CEO들의 요구도 반영해야 했다. 니즈 조사 단계에서 인터뷰를 해보면 10인10색이라 할까 CEO마다 요구하는 바가 다 달랐다. 동시에 자신의 의견은 반드시 반영되어야 한다고 각 사 CEO들마다 강하게 주장했다.

인화원이 프로그램을 디자인하고 진행하는 주관 처로 되어 있으나 실상은 프로그램의 다양한 니즈를 조율하는 코디네이터 역할을 하며 프로그램의 개발단계를 이끌어가고 마지막 진행을 하는 것이다. 당시에는 기업 경영의 모든 부문 가운데 HR 부문의 역할이 매우 미미할 때였다. 당연히 그룹 내 인화원의 위상은 지금보다 훨씬 낮았다.

기조 강연에서 시를 읊다

프로그램의 성공은 주로 기조 강연Keynote Speech을 통해 예측할 수 있었다. 그도 그럴 것이 그해에 다루는 주제의 수준과 깊이가 기조 강연을 통해 드러나기 때문이다. CEO들은 웬만한 강의에는 감동하지 않았다. 그들은 항상 새로운 지식이나 트렌드에 대해 민감하게 받아들였고 저마다의 통찰력과 혜안을 갖고 있었다. 주제와 관련하여 전혀 생각하지 못한 부분을 건드리거나 깊이 있는 통찰력을 제공하지 않는 한 크게 감동하는 법이 없었다. '어디 나를 감동시켜봐' 하는 표정으로 앉아 있는 CEO들 앞에서 감동과 울림이 있는 강의를 해줄 강사를 찾기는 쉽지 않았다. 그러니 훌륭한 강사를 발굴하기 위해 얼마나 애를 썼겠는가.

초기에는 세계적으로 훌륭한 석학을 모셔왔다. 석학들의 뛰어난 통찰력에 감탄했지만 왠지 현장감이 부족하다는 생각이 들었다. 그다음은 세계적인 기업들과 협업하거나 현장 경험이 많은 글로벌 컨설팅 회사의 컨설턴트를 모셔왔다. 이번에도 왠지 공허했다. 지식은 많지만 직접 경험해보지 않은 사람들이 가진 공허함이었다. 이런 점을 보완하기 위해 다음은 세계적으로 괄목할 만한 경영 성과를 거둔 글로벌 경영인들을 모셔봤다. 그들은 각자의 성공 경험에서 우러난 독특한 안목과 추진력이 돋보였다. 그러나 현직에 있는 글로벌 CEO를 초빙하기는 무척 어려운 일이다.

좋은 방법이 없을까 고민하다 전혀 다른 발상이 떠올랐다. 무한 경쟁의 최전방에서 고군분투하는 CEO들에게 경영과 성과, 시장과 관련된 정보와 이론을 제공하는 것은 이미 달구어질 대로 달구어진 가마솥에 군불을 지피는 것과 같았다. 뭔가 다른 방식의 접근과 관점이 필요했다. 이전과는 전혀 다른 분야로 눈을 돌려보았다.

때는 바야흐로 인문학이 대세로 떠오르기 직전이었다. 나는 이즈음 팀원들과 역사, 인문, 철학 등 더 근본적인 지식을 바탕으로 세상의 흐름을 읽어줄 새로운 강사를 찾아 나섰다. 나름의 내부 검증을 거쳐 '노자'에 대해 강의하는 최진석 교수를 발굴했다. 당시 최진석 교수는 세간에 잘 알려지지 않았을 때였다. 문제는 그룹의 담당 부서에서 절대로 있을 수 없는 일이라고 난색을 표했다. 사장단 전략회의의 기조 강연으로 한국의 철학과 교수의 강의를 듣다니…….

하지만 나는 순순히 물러서지 않았다. 임원 생활에 연차를 거듭하다 보니 배짱도 꽤 늘고 이런 갈등의 순간을 마주할 때마다 언제 옷을 벗어도 좋다는 심정으로 임하고 있을 때였다. 실패하면 깨끗이 물러나겠노라 고집을 부렸다.

결과는 대박이었다. 최진석 교수는 경영에 대해서는 전혀 언급하지 않았다. 무한경쟁의 압박 속에 시달리는 리더들에게 탁월함을 얻을 수 있는 기본과 진정한 가치, 자유로운 의지를 강조했다. 한마디로 리더에게 필요한 성찰과 통찰에 대해 얘기했다. 그리고 강의를 마무리하며 헨리 데이비드 소로Henry David Thoreau의 시를 낭독했다. 치열하게 전략을 논하던 자리에서 시 낭송이라니!

여유

그것이 어찌 인생인가, 근심으로 가득 차
잠시 멈춰 서 바라볼 시간이 없다면

나뭇가지 아래서 양이나 소처럼
물끄러미 풍경을 바라볼 시간이 없다면

숲을 지나면서 다람쥐가 풀밭에다
도토리 숨기는 것을 볼 시간이 없다면

한낮에도 별빛 가득 품은 밤하늘처럼
찬란한 시냇물을 바라볼 시간이 없다면

아름다운 여인의 눈길에 고개 돌려

그 다정한 발걸음을 바라볼 시간이 없다면

눈가에서 입가로 곱게 번지는

그 미소를 기다릴 시간이 없다면

얼마나 가여운 인생인가, 근심으로 가득 차

잠시 멈춰 서 바라볼 시간이 없다면

토론 문화 정착을 위한 새로운 도전

사장단 전략회의의 주제는 주로 '전략과 마케팅'이다. 관심은 언제나 시장과 고객에게 있다. 시간이 갈수록 시장과 고객을 상대로 전략과 마케팅을 펼칠 주체인 '사람' 그 자체에 관심을 가져야 한다는 생각이 강해졌다. HR 부문에서는 이제 경영의 핵심은 인재육성이라는 개념과 이론이 나오고 있었지만 아직 모두가 인식하고 있는 수준은 아니었다. 나는 CEO들이 이 이슈에 더 많은 관심을 갖고 실행을 이끄는 주역이 되어야 한다고 굳게 믿었다.

HR을 프로그램 주제로 삼기 위해 몇 년 동안 공을 들였다. 프로그램의 주제를 HR로 잡고 CEO의 가장 시급한 현안은 인재육성이라는 것을 관철시키는 일은 결코 쉽지 않았다. 하지만 꾸준한 설득 끝에 이루어냈다. 그리고 파급 효과는 생각했던 것보다 훨씬 컸고 보람도 있었다.

몇 년 전부터 프로그램에서 오가는 내용을 주요 임원들도 공유해야 한다는 취지에서 CCTV를 통해 임원들이 참관하는 제도를 만들었다. 참관이 가능한 주요 임원은 당연히 전략과 마케팅 담당 임원들이었다. 나는 내친김에 이제는 HR 임원들도 참관해야 한다고 밀어붙였다. 그동안 HR 임원이 가졌던 위상에 비교하면 이는 꽤 파격적인 변화였다.

프로그램이 끝나고 긍정적인 피드백을 받아도 내 눈에는 항상 부족한 2퍼센트가 먼저 보이고 그로 인해 잠을 설치기도 했다. 워낙 중요한 프로그램이고 영향력 또한 막대하다 보니 한시도 안주할 수 없었다.

전력을 다해 더 좋은 프로그램을 제공하려 애썼지만 가장 중요한 뭔가가 빠져 있다는 생각이 들었다. 이 프로그램이 제대로 기능하려면 참가자인 CEO들이 수동적으로 강의와 발표를 듣기만 할 것이 아니라 적극적으로 참여해 끝장토론이라도 벌이고 실행 과제를 도출해야 하지 않을까. 우리의 문제점과 한계에 대해서도 적나라하게 펼쳐놓고 무엇이 달라져야 하는지 진정성 있게 논해야 하지 않을까.

지금도 조직 내에서 가장 힘든 일 중 하나는 토론 문화를 정착시키는 것이라고 생각한다. 사실 이전에도 '분임 토의' 형식으로 토론을 진행했으나 정작 다 같이 모이면 솔직한 얘기는 꼬리를 감추고 지극히 상식적이고 당연한 결론을 맺고 끝내곤 했다. 과거 경험으로 볼 때 이렇게 어려운 프로그램의 대부분을 한자리에 앉아 난상 토론을 하듯이 솔직하게 의견을 개진한다는 것은 절대로 섣불리 진행할 일은 아니었다. 하지만 반드시 해내고 싶었다. 마땅히 해야 할 일인데 시도조차 하지 않는다면 너무 비겁한 것 같았다. 누군가는 나의 이런 태도를 쓸데없는 강박이라고도 했다. 두말할 것 없이 그룹 담당 부서에서는 부정적인 반응이었다. 오랜 논쟁 끝에 인화원이 제안한 대로 밀고 나가기로 했다.

프로그램을 진행하기 전에는 항상 1~2일 동안 인화원에서 숙박을 하곤 했다. CEO들의 전체 토론을 진행하기로 한 해에는 프로그램 전날 밤 단 한숨도 자지 못했다. 자유롭고 원활한 토론을 위해 회장님은 참석하지 않기로 했다. 토론이 제대로 진행되지 않고 어색한 침묵이 흐르거나 수습할 수 없는 상황이 벌어지면 프로그램 역사상 유례없는 대실패가 될 것이다.

우려와 걱정과 달리 토론 초반에 약간의 어색함이 깨지고 나서는 뜻밖에도 시간이 모자랄 지경으로 봇물 터지듯 의견과 논의가 넘쳐났다. 진행자가 서 있을 필요가 없을 정도였다. 물론 모든 CEO가 다 활발히 참여한 것은 아니었다.

첫 번째 토론 세션이 성공적으로 끝나고 휴식 시간에 잠시 휴대

전화를 켰다. 토론을 참관하던 임원들이 엄청난 양의 문자 메시지를 보냈다. 모두 긍정적인 반응이었다. 직장 생활을 한 이래 가장 가슴이 뻥 뚫린 기분이었다고도 했다. 토론에서 활발히 의견을 개진한 CEO의 임원들은 스스로 자랑스럽다고도 했다. 이후 토론이 없는 사장단 전략회의는 상상할 수 없게 되었다.

지금은 이런 성격의 프로그램은 당연한 얘기 아니냐고 하겠지만 모든 일은 치열한 변화와 진화 과정을 거치게 되어 있다. 이제 사장단 전략회의의 핵심은 토론이 되었고 참여하지 않는 CEO는 단 한 명도 없다.

CEO들이 모여 토론하는 일은 이상적이기는 하지만 실현 가능성이 낮다고 시도조차 해보지 않았다면 어땠을까? 나는 종종 이런 변화를 시도하며 귀가 따가운 소리도 많이 들었다. 너무 강하다, 너무 집요하다, 매우 피곤하다……. 하지만 이런 소리를 들어도 상관없다. 변화가 가져오는 새로운 세상의 맛을 안다면!

당신이어서
해낼 수 있다

우리는 일하는 여성에 관해 얘기할 때 남성의 잣대로 얘기하는 경우가 많다. 여성이 겪고 있는 수많은 고충과 어려움을 간과한 채 남성의 기준으로 대등하게 겨루며 묻어버리려고 한다. 또한 남성과 비슷해졌을 때 성공했다고 얘기한다. 그것은 철저히 남성의 입장에서 남성의 눈으로 하는 얘기다.

여성은 여성이 겪는 모든 것에 관해 솔직하게 얘기할 수 있어야 하고 남성은 이런 목소리에 귀 기울여야 한다. 여성의 일을 남성이 듣고 싶고 보고 싶은 것에 맞추어 얘기해서는 안 된다.

성공 경험으로 얻을 수 있는 것

2010년에 전무로 승진했다. 임원이 되고 10년 만의 일이다. 임원이 된 후 승진의 기회가 있으리라고 기대하지 않았다. 항상 일에서 최대의 기쁨을 찾았고 일하는 자체가 행복했으므로 승진에 대해 별로 관심도 없었다. 승진에서 오는 파워보다 일의 결과로 만들어내는 영향력이 더 좋았다. 어쨌든 전혀 기대하지도 예상하지도 않았는데 승진하니 뜻밖의 선물 같았다.

승진하고 얼마 지나지 않아 LG 사내방송국 LGCC에서 인터뷰를 하자고 요청이 왔다. 담당자인 K대리가 사무실로 찾아왔다. 특집으로 나갈 프로그램이므로 간단한 인터뷰만 하는 것이 아니라 여러 번에 걸쳐 장소를 바꾸어가며 인터뷰를 하고 여러 관련 자료와 함께 기획 특집 프로그램으로 만든다고 했다. 그런데 기획안과 진행 계획을 설명하는 K대리의 모습이 왠지 집중이 안 되고 약간 산만해 보였다. 여성 리더는 상대방과 얘기하거나 보고를 받을 때 오고 가는 말 외의 요소에 예민한 촉을 가진 편이다. 나는 잠시 보고를 멈추고 K대리에게 물었다.

"K대리, 뭐 불편한 게 있나?"

K대리는 정신없이 얘기하다 뭔가를 들킨 양 화들짝 놀라는 눈치였다.

"우리가 좋은 작품을 만들려면 편하게 진행해야 하는데 뭔가 불편해 보여. 걱정하지 말고 나한테 얘기해봐."

K대리는 평소에도 나를 만나고 싶었고 같은 여성으로서 여성이 처음으로 전무로 승진한 것도 좋았고 더구나 자신이 프로그램을 담당하게 되어 무척 기뻤다고 한다. 그래서 열심히 기획안을 준비해 오전 기획 미팅에서 안을 발표했는데 완전히 깨지고 말았다는 것이다.

"상사, 선배 할 것 없이 모두 어찌나 신랄하게 비난을 하는지……."

K대리는 이 기획 프로그램의 포커스를 '여성'에 맞추었다. 그런데 모두의 피드백은 아직도 윤 전무님을 여성이라는 관점으로 본다는 것은 매우 진부한 아이디어라고 맹비난을 했다는 것이다.

"그래서 매우 혼란스럽고 자존심도 상하고 어떻게 가닥을 잡아야 할지 잘 모르겠어요."

나는 K대리의 얘기를 듣고 잠시 생각한 후 다시 물었다.

"K대리는 왜 '여성'에 포커스를 맞추고 싶었어?"

"저는 솔직히 그게 더 자연스럽고 당연한 아이디어라고 생각했어요. 예를 들어, 이 특집 프로그램은 신임 CEO가 대상인데 윤 전무님을 대상으로 삼은 것 자체가 여성으로서 특별한 일이기 때문이잖아요. 저는 다른 신임 CEO에게 물어볼 인터뷰 질문과 똑같은 질문을 윤 전무님한테 하고 싶지 않아요. 윤 전무님한테는 따로 물어보고 싶은 질문이 많거든요. 그런데 그게 대부분 여성과 관련된 것이더라고요. 그렇게 만들어야 이 프로그램이 더 의미가 있지 않을까요? 저는 아무리 생각해도 아쉬워요. 하지만 팀에서 포커스를 바꾸라고 하니까 그렇게 해야죠, 뭐."

"나는 그 아이디어가 마음에 드는데 그렇게 만들면 되겠네. 팀에서 뭐라고 하면 내가 직접 얘기할게."

내 대답에 K대리는 머뭇머뭇하더니 금세 얼굴이 환해졌다.

"감사합니다! 열심히 하겠습니다! 전무님이랑 꼭 멋진 작품 만들고 싶어요."

K대리의 우렁찬 목소리에 나는 하이파이브로 답했다.

K대리는 내 말에 힘입어 의기충천하여 프로그램을 만들었다. 나는 K대리가 성공을 경험하도록 도와주고 싶었다. 자신의 관점대로 당당한 목소리를 내는 자신감을 키워주고 싶었다. 그러려면 인터뷰에 출연하듯이 하고 끝낼 일이 아니었다. 바쁜 일정을 생각하면 인터뷰에 응하고 잊어버리고 있다 방송 나갈 때 보면 될 일이었다. 그러나 사정이 이렇다 보니 나 또한 프로그램 제작에 깊이 관여해 K대리와 함께 만드는 프로그램으로 임했다.

인터뷰 질문도 더 다듬고 어떤 얘기가 들어가면 좋을지 K대리와 머리를 맞대고 궁리했다. 퇴근 후 LGCC 편집실에 여러 차례 들러 K대리와 함께 전체 구성, 편집, 배경음악, 자막에 이르기까지 밤늦도록 같이 씨름했다. 나는 이 특집 프로그램의 주인공이 아니라 이 프로그램을 기획하고 제작하는 K대리의 선배요, 지지자요, 후원자가 되고 싶었다.

어려움이 닥칠수록 더 꿈에 매달려라

드디어 방송이 나갔다. 열심히 만들어서일까, 한마디로 대박이 났다. 사실 바쁜 현업의 와중에 사내방송을 시간에 맞춰 시청하는 것은 쉬운 일이 아니다. 주로 방송 내용과 관련된 사람들만 보기 마련이다. 이런 상황에서도 LGCC의 성과는 시청률이다 보니 항상 애를 쓰고 있었다. 하지만 프로그램당 평균 조회 수가 몇백 건에 불과했다.

'윤 전무님과 함께'라는 타이틀로 나간 기획 특집은 일주일 만에 조회 수 9,000건을 기록했다. LGCC 방송 역사상 전무후무한 일이었다. 방송이 나간 후 인터뷰가 좋았다는 얘기를 사방에서 들었다. 전화, 문자, 인화원에 교육 받으러 온 직원들이나 임원들에게 피드백을 받았다. 게다가 나름 소문이 나다 보니 외부 인터넷에도 올라갔다. 지금도 가끔 여기저기서 그 인터뷰를 보았다는 얘기를 듣곤 한다. 가장 기뻤던 것은 회의에 참석하기 위해 여의도 본사에 들러 엘리베이터를 기다리는데 30대 초반의 젊은 남성이 다가와 꾸벅 인사를 했다.

"윤 전무님, 안녕하세요. 저는 LG전자 ○○부서에서 일하는 ○○○입니다. 제 아내도 일하며 아이를 키우는데 항상 고민이 많아요. 저도 옆에서 늘 같이 고민하고요. 그런데 우연히 윤 전무님 인터뷰를 보고 너무 좋아서 아내에게 보여줬더니 굉장히 힘이 되고 좋았다고 하네요. 아내가 한결 밝아진 것 같아요. 진심으로 감사드립니다."

나는 이 얘기가 그 어떤 피드백보다 좋았다. 여성이 아닌 남성이, 그것도 일하는 여성과 육아를 공동 책임지며 함께 고민하는 남성의 진솔한 피드백이어서 더욱 좋았다.

그랬다. 당연히 인터뷰의 많은 내용이 '여성'에 집중되어 있었다. 내가 어떻게 여성으로 이 자리까지 왔는지도 얘기했지만 나는 나의 뒤에 올 여성들에게 이야기를 하고 싶었다. 일하는 여성에 관한 많은 것에 대해. 일하는 여성이 종종 느낄 수 있는 차별에 대해서도 다루었다.

나는 한 인간으로서의 여성이 가진 꿈을 남성 위주의 사회에서 일어나는 고충 때문에 포기하지 말라고 했다. 이루고 싶은 꿈이 있다면 절대로 어려움에 양보해서는 안 되는 것이니까. 어려움이 닥칠수록 자신의 꿈에 더 매달리라고 했다.

일하는 여성의 육아에 관한 고민에 관해서도 얘기했다. 일하면서도 내 아이를 당당히 훌륭한 사람으로 키울 수 있다고 얘기했다. 나의 승진에 관한 인터뷰였지만 나는 여성이므로 당연히 여성에 대해 많은 것을 얘기했다. 팀에서는 진부한 아이디어라고 했지만 방송이 나간 후 여러 반응을 보면 절대로 진부하지 않았다. 오히려 기대하지 않은 울림이 있었다고나 할까.

당시 인터뷰 말미에 인터뷰이에게 노래를 시키곤 했다. 나는 음치이기도 하지만 구태여 유행을 따르고 싶지도 않았다. 대신 좋아하는 시를 낭송하고 싶다고 했다. 마종기 시인의 〈우화의 강〉을 낭송했다.

우화의 강

사람이 사람을 만나 서로 좋아하면
두 사람 사이에 물길이 튼다.
한쪽이 슬퍼지면 친구도 가슴이 메이고
기뻐서 출렁이면 그 물살은 밝게 빛나서
친구의 웃음소리가 강물의 끝에서도 들린다.

처음 열린 물길은 짧고 어색해서
서로 물을 보내고 자주 섞여야겠지만
한세상 유장한 정성의 물길이 흔할 수야 없겠지.
넘치지도 마르지도 않는 수려한 강물이
흔할 수야 없겠지.

긴 말 전하지 않아도 미리 물살로 알아듣고
몇 해쯤 만나지 못해도 밤잠이 어렵지 않은 강,

아무려면 큰 강이 아무 의미도 없이 흐르고 있으랴.
세상에서 사람을 만나 오래 좋아하는 것이
죽고 사는 일처럼 쉽고 가벼울 수 있으랴.

큰 강의 시작과 끝은 어차피 알 수 없는 일이지만
물길을 항상 맑게 고집하는 사람과 친하고 싶다.
내 혼이 잠잘 때 그대가 나를 지켜보아주고
그대를 생각할 때면 언제나 싱싱한 강물이 보이는
시원하고 고운 사람을 친하고 싶다.

한국은 여성 이슈에서는 OECD 국가 중에서도 가장 낙후되어 있다. OECD 36개 회원국 중 성별임금격차가 가장 크고 여성고용률도 낮다. 당연히 고위직에 있는 여성의 숫자는 적다. 우리나라 부모의 교육열은 단연 세계 최고이고 딸 아들을 구별하지 않은 지 오래되었다. 그럼에도 우수한 교육을 받은 여성의 겨우 20퍼센트 정도만이 사회에 나와 생산적인 경제인구로 활동하고 있다. 사회에 나와 일한다면 단연코 글로벌 수준으로 우수한 전문인력이 될 수많은 여성이 가정에 머물고 있다. 높은 지력과 열정을 자식 교육에 올인하고 있다. 이는 우리나라 교육의 수많은 문제점 중 한 원인이기도 하다. 역사적으로 우수한 한국 여성의 DNA를 사회에 나와 발휘한다면 한 인간의 인생이, 가정의 행복이, 회사의 미래가, 국가의 미래가 달라질 것이다. K대리는 일하는 여성으로서 자신의 관점과 아이디어에 대해 확실한 성공을 경험할 수 있었다.

　더 많은 여성이 당당히 목소리를 내고, 더 자주 성공을 경험해야 한다. 그리고 더 다양한 분야에서 영향력을 발휘해야 한다. 그것이 결국 세상을 바꿀 것이다.

리더의 힘은
진정성에서 나온다

여성의 리더십은 이러이러해야 한다고 규정하는 경우가 많다. 대개 이런 경우 여성은 남성과 같은 능력과 야심을 모두 갖추면서도 '지나치게 공격적이지 않고 상냥해야 한다'는 이중 잣대가 밑바닥에 깔려 있다. 또한 여성 리더는 권력에 대한 열망이 적다고들 한다. 과연 그럴까?

나는 그것을 권력에 대한 감각이나 열망과 연결하고 싶지 않다. 자신이 하는 일이 즐겁고 의미가 있고 그 분야에 진정으로 기여하고 싶다면 그 일로 닿을 수 있는 정점을 향해 끝까지 달려야 한다. 정점을 향해 달릴 때 권력과 권한도 따라온다.

진심은 언제나 사람의 마음을 움직인다

인화원의 다양한 교육 과정 중에는 임원 후보들을 위한 예비경영자 과정이 있다. 선발할 임원의 세 배수 정도가 참가하다 보니 이 중 3분의 1 정도를 신임 임원 과정에서 다시 만날 수 있다. 이 과정을 이수하고 몇 년 후에 임원이 되는 경우도 간혹 있지만 영영 임원이 못 되는 경우가 더 많다. 그리고 이 과정에서 여성 참가자를 만나는 일은 흔치 않다.

인화원에 오는 CEO들에게 여성 임원을 배출해야 한다는 말을 하곤 했지만 되돌아오는 대답은 늘 이러했다.

"나는 매우 여성 우호적인 사람이에요. 그런데 아무리 찾아도 임원직을 맡길 만한 여성이 없어요."

"찾아서라도 시켜보시면 기대 이상으로 잘할 겁니다."

K부장을 처음 본 것은 인화원에서 실시하는 예비경영자 과정에서였다. 그러나 K부장을 K상무로 신임 임원 과정에서 다시 만나는 데는 4년이라는 시간이 걸렸다. 우리는 가끔 만나서 이런저런 얘기를 나누곤 했는데 한참 지나서야 승진 과정에 대한 이야기를 들을

수 있었다.

K부장이 예비경영자 과정을 이수할 때는 꽤 이른 나이였다. 당시 눈에 보이지 않게 온갖 견제를 받는 느낌이 들었다고 한다. 일에만 몰두했는데 뜻하지 않은 주위의 반응에 적잖이 놀라고 힘들었다고 했다.

설상가상이라는 말이 있다. 힘든 일이 닥칠 때는 이상하게도 여러 힘든 일이 한꺼번에 몰려든다. 그런데 지나고 보면 너무 힘들어서 오히려 극복할 수 있었던 일도 있다. K부장의 경우도 그랬다.

K부장은 힘든 업무에도 야간 대학원을 다닐 만큼 열성적이었다. 아이 둘에 시어머니를 모신 적도 있었고 남편은 늦은 나이에 유학을 가 있는 상태였다. 여기에 글로벌 금융 위기까지 닥쳤다. 환율이 천정부지로 뛰어 유학비를 지원하기가 너무 힘들었다. 통장이 바닥나고 한꺼번에 몰린 일에 너무 스트레스가 쌓였는지 몸에 탈이 나기 시작했다. 정확한 병명도 없이 온몸에 홍반이 생길 정도였다. 어쩔 수 없이 1년을 휴직했다. 집안의 유일한 수입원인데 1년이나 쉬었으니 마이너스 통장마저 바닥났다고 한다.

K부장은 1년간 열심히 몸을 추스르고 복직했다. 회사 분위기는 몹시 싸늘했다. 몸이 아파 복직하지 못하고 퇴직할 거라는 소문이 돈 상태였다. 예상을 깨고 복직하니 이제는 얼마 못 다닐 거라고 소문이 났다. 당연히 승진 대상에서는 제외되었다고 생각했다.

복직 후 K부장에게는 수석팀장이라는 보직이 맡겨졌다. 말이 수

석팀장이지 여기저기 흩어져 있는 공통점도 없는 작은 팀을 모아 만든 눈에 띄지 않는 자리였다. 주 업무인 IT 서비스는 고객사를 찾아 나가야 한다. 고객사가 크면 규모가 큰 팀이 형성되어 나간다. K부장이 맡게 된 팀의 업무는 워낙 작은 고객사를 모아놓은 구조이다 보니 고객사가 전국 여기저기에 흩어져 있을 뿐 아니라 아무리 성과를 내도 누구 하나 알아줄 사람도 없고 도무지 빛을 낼 수 없는 일이었다. 이 팀을 이끄는 것이 수석팀장의 업무였다.

여러 시련을 딛고 일어선 K부장은 일에 임하는 자세와 각오가 남달랐다. 오히려 아무 생각이 안 들고 일에 몰입할 수 있었던 것이 그저 행복했다고 한다.

전국에 흩어져 있는 사업장을 바쁘게 돌며 팀원들과 고객사 관리에 매진했다. 오지와 같은 사업장에서 팀원들이 열과 성을 다해 알아주지도 않는 일을 밤을 새워가며 매진하는 모습에 감동했다. 일은 모두 알아서 잘하고 있었기 때문에 본인은 힘들지 않느냐고 물어보고, 집과 가족에게서 멀리 떨어져 일하는 이들에게 관심을 기울이고 그들의 의견을 경청하고, 잘하고 있다고 인정해주고 고맙다는 말을 하는 것 외에 더할 일이 없었다고 한다. 확신컨대 그들을 알아주고 인정해주고 애로 사항을 귀담아 들어주는 수석팀장의 리더십이 크게 한몫했을 것이다.

문제는 집에만 돈이 부족한 게 아니라 팀에도 돈이 부족했다. 야근이 잦다 보니 회식이라도 하며 든든히 먹이고 싶은데 여의치 않았다. 워크숍을 진행하고 싶어도 팀에는 쓸 여유자금이 전혀 없었다. K부장은 열악한 환경에서도 열심히 일하는 팀원들을 위해 뭔가 하고 싶었다. 생각해보니 큰딸 돌 때 들어왔던 금반지 뭉치가 생각이 났다. 주저하지 않고 과감히 팔아 돈을 마련했다.

워크숍 장소를 정하고 팀원들에게 원 없이 고기를 먹였다. 금반지를 판 돈이 다 떨어질 때까지 몇 번이나 이런 시간을 가졌다. 덕분에 팀 내 사기는 의기충천했다. 아픈 몸을 극복하고 복직한 여성 팀장이 전국을 돌며 자신들을 진심으로 챙기는 모습에 감동했을 것이다. 더구나 이 팀장은 휴직 전까지만 해도 본사에서 빠른 승진을 하며 최연소 테이프를 끊던 사람이었다. 별 볼 일 없는 팀을 맡았다고 좌절하기는커녕 더 열심히 일하고 리더십을 발휘하는 모습이 아름다웠을 것이다.

매년 연말에 전사적으로 300개나 되는 팀들이 1년의 성과를 놓고 경진하는 대회가 있다. 그간 한 번도 주목받지 못했던 이 작은 팀이 대상을 받았다. 그해 말 K부장은 상무로 승진했다. 여성 선배 후보자가 둘이나 있었는데도 말이다. 나중에 들으니 인사팀에서 승진 대상자들의 리더십에 대한 피드백을 들으러 각 팀의 의견을 받는데 K상무의 팀원들은 전폭적으로 K상무를 지원했다고 한다.

K상무는 훌륭히 임원 생활을 마치고 얼마 전 퇴임했다. 퇴임할 때 본인을 임원 승진으로 이끈 팀원들과 같이한 식사자리에서 그때 일을 회고하며 팀 워크숍을 하기 위해 딸의 돌 반지를 팔았다는 얘

기를 처음으로 했다고 한다. 이 얘기를 듣던 모든 팀원들은 눈시울을 붉혔다.

나만의 리더십, 나의 리더십

K상무는 인생 최악의 열악한 상황에서 일에만 집중했다. 일은 항상 가장 정직하고 정확한 보상을 안겨준다. 자기가 하고 있는 일에 대해 확신을 가지고 일 자체를 좋아했기에 가능한 일이다. 자신의 일에서 느끼는 행복은 삶의 가장 훌륭한 선물이요, 그 일을 통해 한 인간으로서 지속적으로 성장할 수 있다. 그리고 K상무의 탁월한 점은 회사의 상황을 보지 않고 사람을 보았다는 것이다. 사람이 나눌 수 있는 가장 절실한 것을 그만의 스타일로 진심을 다해 진정성 있게 나누었다.

진심은 언제나 사람의 마음을 움직인다. 불가능한 일을 가능하게 한다. 그것이 바로 세상에 하나밖에 없는 나만의 유일한 리더십이며 힘이다.

좋은 리더십에 대한 이론은 끊임없이 진화하고 있고 지금은 누구도 카리스마 리더십을 얘기하지 않는다. 요즘 리더는 경청하며 칭찬하고 인정할 줄 알아야 한다. 지시하지 않고 그 사람의 가능성과 잠재력을 끌어낼 수 있는 질문을 할 줄 알아야 한다. 통제하려 들지 않고 자율적으로 스스로 알아서 일할 수 있도록 해야 한다. '코칭 리더십'이 필요한 시대다.

코칭 리더십은 수많은 리더십의 진화 과정을 거쳐 나온 궁극적인 리더십이라고 생각한다. 여성은 계급적이고 수직적인 관계보다 수평적인 관계에 더 강하다고 한다. 여성은 카리스마 리더십보다 부드러운 리더십을 발휘할 때 더 유리하다고도 한다. 여성이 수평적이고 부드러운 리더십을 발휘하는 것이 터프하게 남성들을 지배하려는 것보다 더 유리해서가 아니라 이 시대가 궁극적으로 요구하는 리더십을 발휘하기에 여성의 잠재력이 더 큰 것이다.

궁극적으로는 여성이 여성 리더십을 어떻게 발휘하느냐보다 리더인 '○○○가 어떤 리더십을 발휘하느냐'로 보아야 한다. 여성은 여성으로서 남성은 남성으로서 당연히 성별이 가져다주는 특장점과 한계를 동시에 갖고 있다. 이를 잘 살리고 약점은 잘 극복해야 할 것이다. 이는 남성이나 여성에게 똑같이 주어지는 과제다.

나는 여성이 발휘하는 리더십을 여성 리더십이라는 카테고리에 가두고 싶지 않다. 女子(여자)로 일하지 말고 女者(여자)로 일하라고 말하고 싶다.

남성이든 여성이든 리더가 되면 더 훌륭한 리더십을 발휘하기 위해 끊임없이 고민하고 연마하며 자기만의 리더십을 갖추게 된다. 우리가 지향하는 리더십은 비슷하지만 개인이 발휘하는 리더십은 사람마다 다르고 그만의 리더십으로 발현된다. 결국 남성이든 여성이든 인간 ○○○가 가진 리더십은 ○○○의 리더십인 것이다. 따라서 리더십의 스타일을 따지기 전에 가장 우선되어야 하는 것은 진정성 있는 그 사람만의 리더십이라고 생각한다.

제4장

나와 타인을 향한 사랑

삶을 충만한 사랑으로 채운다

'자세히 보아야 예쁘다. 오래 보아야 사랑스럽다. 너도 그렇다.' 나태주 시인의 〈풀꽃〉에 나오는 표현이다. 그냥 지나치기 쉬운 길가의 풀꽃도 자세히 들여다보면 사랑스러운 부분이 보이는 법이다. 누군가를 칭찬하고 인정하려면 관심을 갖고 상대방을 깊이 들여다봐야 그만이 갖고 있는 강점과 장점이 눈에 들어온다. 인정한다는 것은 상대방이 인정받을 만해서 하는 것이 아니라 내가 인정할 줄 알아야 할 수 있는 것이다. 인정할 줄 알면 모든 사람의 귀함이 비로소 보인다. 그리고 사랑하게 된다.

애정 어린 따뜻한 말 한마디가 세상을 바꾼다

퇴임하고 나니 모든 것이 한결 여유로워졌다. 매일 당면한 과제로 해야 할 일들로 머릿속이 꽉 찼었는데 이제는 문득문득 지나간 일들을 떠올리며 되새겨보기도 한다. 그리고 이런 생각의 끝에는 언제나 사람이 있었다.

나이나 지위와 상관없이 일하며 동고동락했던 시간은 결코 가볍지 않다. 인생이라는 시간을 함께한 것이다. 때로는 의기투합하고, 의견이 달라 싸우기도 하고, 같이 기뻐하고 실망하고 좌절하고 또다시 서로 의지하며 딛고 일어나고. 얼마나 많은 일과 시간을 함께

했는가.

때로는 이해해줘서 한없이 고맙고 때로는 내 마음을 몰라줘서 밉고 야속했다. 처음에는 무심하고 덤덤하던 사이가 시간이 갈수록 깊어지기도 하고, 처음에는 그렇게 좋던 사이가 언제인지 모르게 틀어져 멀어지기도 한다.

진심이 담긴 말의 힘은 세다

예전보다는 시간 여유가 있어 오랜 지인들과 편안한 시간을 자주 갖는다. 옛 추억을 얘기하며 깔깔 웃기도 하고 때론 힘들었던 일을 되새기다 가슴이 벅차고 아련해지기도 한다.

가끔 후배들을 만나면 고마웠다는 얘기를 듣곤 한다. 덧붙이는 이유를 들어보면 대부분 내가 건넨 아주 짧은 말 한마디 때문이었다.

"무슨 일 있니?"
"힘들지."
"난 너를 믿어."
"아주 잘하고 있어."
"넌 해낼 수 있어."

놀랍게도 그들이 지금도 기억하고 고마워하는 것은 그 모든 것이 축약된 아주 짧은 한마디였다. 심지어 아무 말 하지 않고 그냥 물끄러미 바라봐주었을 때 가장 감동했다고 얘기하기도 한다.

진심을 담아 건네는 말은 힘이 세다. 미국에서 공부할 당시 벼랑 끝에 선 심정으로 에이브러햄 교수님에게 고민을 털어놓았을 때 그가 따뜻한 눈으로 건넨 한마디에 다시 일어설 수 있었다. 이제 몇 년이 지나 내가 후배들에게 따뜻한 눈으로 그런 말을 건네고 있었다.

C부장은 처음 LG에 입사했을 때부터 지켜봐온 후배다. 대학을 갓 졸업한 앳된 모습이 엊그제 같은데 어느 새 승진을 하고 결혼해 아이를 낳고 기르며 꾸준히 성장했다. 하지만 둘째를 출산한 후 출산 휴가를 마치고 회사에 돌아왔을 때 그의 모습은 많이 달라져 있었다. 미안한 일을 저지르고 돌아온 사람처럼 팀장과 팀원들한테 머쓱한 태도였다. 그해 평가는 C를 받았다. 오랜 기간 자리를 비웠으므로 평가하는 사람도 평가를 받는 사람도 당연하다 여기는 분위기였다. 상대평가를 하다 보니 이런 확실한 구실이 있다면 평가자로서는 오히려 홀가분한 일인 것이다.

C차장(당시에는 차장이었다)은 예상하긴 했지만 막상 실망스러운 평가를 받고 보니 많이 의기소침했다. 나는 옆 부서이지만 C차장이 부른 배를 안고도 출산 휴가 들어가기 전까지 얼마나 열심히 일했는지 잘 알고 있었다.

이런 정황을 눈여겨보고 있던 터라 어느 날 조용히 C차장을 불러 얘기를 나누었다.

"요즘 어떠니?"

C차장은 내가 건넨 한마디에 울컥하며 여러 가지 복잡한 심정을 얘기했다. C차장의 걱정은 우선 자신감이 떨어져 위축되다 보니 일을 못하는 사람이 된 느낌이고, 무엇보다 앞으로 성장하는 데 있어 이 일로 알게 모르게 더 힘들어지지 않을까 하는 것이었다.

나는 C차장의 이야기를 열심히 듣고 나서 힘주어 얘기했다.

"너는 지금 너무 잘하고 있어!"

걱정이 앞서다 보니 C차장은 본인의 커리어를 미리 조정하려 들었다. 몇 년 정도 더 일하고 그만두어야겠다는 얘기를 먼저 하고 다닌다는 것이다. 당시 분위기는 조직에서 고령화되고 상위 직급이 되는 여성의 비율이 많아지는 것을 노골적으로 꺼릴 때였다. 여성은 이런 분위기에 민감하고 이럴 때 마치 본인이 원인 제공이라도 한 양 알아서 태도를 취하는 경우가 많다. C차장도 아마 이런 분위기를 감지하고 미리 이에 맞추어 준비하는 마음이었을 것이다. 그래서 한마디를 덧붙였다.

"C차장, 언제 그만두더라도 절대 티는 내지 마."

시간이 지나 C차장은 다시 자신의 속도와 자신감을 찾았다.

어느 날 ○○여대 교육공학과에서 3, 4학년 100여 명이 단체 견학을 오고 싶다며 연락이 왔다. 그리고 학생들과의 대화 시간을 진행해달라고 요청했다. 담당 교수가 내게 직접 전화해 기업 교육 분야에서 일하는 여성의 대선배이자 롤모델이니 꼭 부탁한다며 당부했다.

C차장은 ○○여대 졸업생이었다. 나는 너무 연배가 느껴지는 나와의 대화보다 가까운 선배와의 대화가 훨씬 더 생기 있고 도움이 될 것 같았다. 그래서 C차장에게 일을 맡겼다. C차장은 너무 긴장되고 자신이 무슨 말을 할 수 있을지 모르겠다고 망설였다.

"C차장이 하고 있는 그대로, 느끼고 있는 그대로를 나눠. 너무 멋있게 포장할 필요도 없고 그렇다고 너무 겸손히 깎아내릴 필요도 없이 있는 그대로!"

나는 C차장의 등을 다독여주었다.

○○여대 학생들이 온 날, 나는 가볍게 인사말을 하고 마이크를 여러분의 직속 선배인 C차장에게 넘기겠다고 했다. 기업에서 일하는 것은 어떤지, 전공인 교육공학이 실제로 어떻게 쓰이는지, 여성에게 차별은 없는지, 육아는 어떻게 하는지…… C차장에게 마이크를 넘기자 온갖 질문이 쏟아졌다.

대학생들을 보내고 나서 C차장은 왈칵 울음을 터뜨렸다. 대학을 졸업하자마자 직장 생활을 하며, 아이를 키우며, 한 분야의 전문가로 성장하는 길목에서 처음으로 자신의 지난날을 돌이켜보았을 것이다. 나는 말없이 그녀를 안아주었다.

C부장은 나를 만나면 그때 얘기를 가끔 하곤 한다.

"전 그때 '너는 지금 너무 잘하고 있어' 그 한마디에 천군만마를 얻은 것 같았어요."

때로는 이런 애정 어린 말 한마디가 그 무엇보다 큰 힘을 발휘한다. 따뜻한 눈으로 나를 지켜봐주고 응원하는 누군가가 있음을 상기시키기 때문이다. 이 말 한마디에 누군가는 다시 일어설 용기와 힘을 얻는다. 그런 의미에서 이 글을 읽고 있는 당신에게도 이 말을 꼭 해주고 싶다.

"당신도 지금 너무 잘하고 있다!"

인생을 바꾸는 힘은
자신의 강점에서 나온다

사람을 성장시키는 건 약점이 아니라 강점이다. 대부분의 사람들은 자신의 강점에 대해서는 이미 잘하고 있으니 더 신경을 쓸 필요가 없다고 생각한다. 대신 자신의 약점을 보완해야 더 나은 성과를 낼 수 있고 더 완벽한 사람이 될 수 있다고 믿는다. 그러나 실상은 반대다. 남들보다 뛰어난 나만의 강점을 적극 활용할 때 탁월한 성과를 낼 수 있다. 약점을 보완하려고 에너지를 쏟다가 결과는 그다지 효과적이지 않을 때가 많다.

이는 일과 육아, 인간관계에 있어서도 마찬가지로 적용된다. 우리는 늘 상대방의 강점이 무엇인지 관심과 애정을 갖고 파악할 줄 알아야 한다. 상대방의 강점이 무엇인지 발견하고 인정해주면 그들은 스스로 성장한다.

강점을 인정받으면 스스로 성장한다

경력사원을 뽑는 채용 면접장에서 K과장을 처음 만났다. 그는 이전 회사에서 인사부서에 배치되어 주로 의전 업무를 담당했다. 하지만 자신에게 주어진 업무에는 영 흥미를 느끼지 못하고 옆 부서의 교육 업무에 자꾸 관심이 갔다. 결국 교육 분야에서 일하고 싶어 과감히 퇴사하고 LG인화원에 원서를 넣었다.

면접이란 어떤 사람이든 무조건 긴장시키는 묘한 자리다. K과장도 예외 없이 심하게 긴장하고 있었다. 나는 '얼마나 간절했으면 저렇게까지 긴장할까?' 싶어 오히려 K과장의 교육 업무에 대한 강한 열정을 엿볼 수 있었다. 동료 임원들은 K과장에게 교육 업무 경험이 없다며 낮은 점수를 주었지만 내 생각은 달랐다. 내 생각에는 어떤 일을 하고 싶은 열정이 그 일에 대한 지식이나 경험보다 훨씬 좋은 결과를 얻을 수 있다는 확신이 있었다. 그래서 동료 임원들의 반대를 무릅쓰고 그를 채용했다. K과장은 당연하게도 나의 부서에 배치되었다. 한마디로 '뽑은 사람이 알아서 하세요!'였다.

안타깝게도 K과장의 열심히 하려는 의지와 배우려는 자세에도 불구하고 새로운 조직에의 적응은 쉽지 않았다. 게다가 신입도 아닌 과장을 일일이 챙겨주기란 모두에게 벅찬 일이었다. K과장은 날이 갈수록 의기소침해졌다.

그를 팀에 융화시키기 위해 고심하던 차에 적합한 기회가 찾아왔다. 마침 인화원에서 계열사 HR부서가 모여서 하는 교육 행사가 있었다. 평소 K과장은 크고 작은 공식, 비공식 모임에서 자연스럽게 진행을 맡았는데 마침 그 모습이 떠올랐다. 그래서 주 업무인 교육 과정보다는 비교적 영향력이 적은 이벤트 행사 진행을 맡겨보기로 했다.

과연 그는 탁월한 진행자였다. 특히 참가자들의 마음을 읽고 그들을 이끄는 타고난 '공감 능력'이 돋보였다. 의기소침한 K과장의 모습 이면에 숨겨진 재능을 발견한 나는 격려 차원에서 그를 불러 이야기했다.

"K과장은 사람들과 소통하는 공감 능력이 탁월해 보여. 내 생각에는 머지않아 K과장이 퍼실리테이터의 롤모델이 될 것 같아."

당시 교육 풍조는 일방적인 강의식 교육에서 탈피하여 참가자들이 스스로 생각하고 느끼도록 이끄는 퍼실리테이터 역량에 관심을 쏟던 시기였다. 그 말을 들은 K과장의 두 눈이 반짝였다.

그때부터 K과장의 활약이 시작되었다. 마치 날개를 단 듯했다.

당시 인화원의 주된 교육 과정이었던 진급 과정은 내부 교육담당자들이 한 반씩 맡아 진행하며 강의를 대폭 줄이고 교육생들의 적극적인 참여를 불러일으키도록 새롭게 설계되었다. K과장은 자신의 강점인 공감 능력을 한껏 발휘해 참가자들을 이끌어갔다. 참가자들이 스스로 자신의 이야기를 하고 서로 이야기를 듣고 토론하고 의견을 나눌 수 있는 분위기를 조성했다.

다른 교육담당자들과 교육생들은 이전과 달라진 교육 방식에 힘들어했지만 K과장의 강의실만은 달랐다. 교육생들의 반응은 폭발적이었고 웃음과 활력이 넘쳤다. K과장이 맡은 반의 만족도는 4.7에서 4.9로, 4.9에서 만점인 5.0으로 기록 경신을 거듭했다.

당시에는 교육생의 만족도가 교육담당자의 인사고과에 직접 반영되었다. 이렇다 보니 K과장에 대해 부정적이던 팀 내 선후배들이 K과장의 퍼실리테이터 역량을 벤치마킹하기 위해 그의 교실로 모여들었다.

이후 K과장은 교육 분야에서 탁월한 역량을 갖춘 핵심인재로 크게 성장했고 교육 부문에서는 드물게 해외 파견까지 가게 되었다.

내가 인화원을 떠나 LG아트센터로 전직하고 퇴임한 후에도 그는 매년 스승의 날이면 어김없이 연락한다.

"인생에 스승은 두 분인데 한 분은 초등학교 때 선생님이고 다른 한 분이 윤 대표님입니다!"

함께 일했던 직원으로부터 스승의 날에 감사 문자를 받는 건 내 인생의 가장 큰 보람이다.

사실 생각해보면 감사해야 할 사람은 나였다! 임원 초기의 나는 온통 일과 성과로 머릿속이 가득 차 있어 언제나 성과가 먼저 눈에 들어오고 나서야 사람이 보였다. 육성 차원이라는 미명 하에 직원들의 보완점을 통해 성장을 독려했으나 그다지 성과는 좋지 못했다. 그런데 K과장의 경험은 나에게 큰 깨달음을 가져다주었다. 인정은 리더인 나의 몫이지 상대방의 몫이 아니었다.

인생의 비극은 우리가 잠재적인 재능을 타고나지 못한 데 있는 것이 아니라 가지고 있는 강점을 충분히 활용하지 못하는 데서 오는 것이라는 말은 옳다. 강점 발견은 그 자체로 위대하며 인생을 바꾸는 힘이 있다.

즐길 줄 알아야 강해진다

　　　　　　때론 그토록 찾으려 했던 답을 엉뚱한 곳에서 찾을 때가 있다. 일에 매몰되어 한 곳만 보다보면 오히려 시야가 좁아져 일의 효율이 떨어진다. 이럴 때는 환기시킬 창이 필요하다.
　누구나 인생에 즐기는 것이 있다. '즐긴다'는 것은 뚜렷한 목표가 없어도, 똑 부러진 결과물이 없어도 그것을 한다는 것 자체로 즐거운 것을 말한다. 물론 즐거운 것만 하며 살 수 없는 게 인생이지만 일에 에너지를 쏟는 만큼 충분히 즐기지 못하고 산다면 인생은 매우 각박하거나 따분하거나 슬플 것이다.

사람마다 즐거움을 얻는 방법은 다르다. 책 읽기, 여행, 요리, 뭔가를 만들거나 밀린 드라마를 보는 것을 즐기는 사람도 있다. '내가 즐거운 일'을 하다 보면 편안하고 행복하고 시간 가는 줄 모른다.

나에게 그런 일은 바로 영화를 보는 것이다. 처음 영화에 매료된 건 어린 시절 상상 속 스크린을 통해서였다. 내가 초등학교에 다닐 때 고등학생이었던 큰언니는 단체관람 영화를 보고 온 날이면 식구들을 모아놓고 마치 눈앞에서 영화가 펼쳐지듯이 이야기를 해주곤 했다. 큰언니의 얘기가 어찌나 실감나고 재밌던지 나는 머릿속으로 아직 보지도 못한 스크린과 배우들을 상상하며 이야기 속으로 빠져들곤 했다.

미국 유학 시절에는 조금이라도 여유가 생기면 영화를 볼 수 있는 대학 도서관 미디어센터에서 살다시피 했다. 학생이었든 직장 생활을 했든 유학생이었든 어디에 살고 무엇을 하든 영화는 언제나 내 곁에 있었다.

영화는 나에게 스크린을 통해 예술로 승화된 복잡 미묘한 인간의 모든 면을 만날 수 있게 해주는 창구다. 나는 그저 내가 좋아하는 스타일의 영화를 내 스타일대로 감상하고 즐기는 것 자체가 좋다. 나의 영화관은 마틴 스코세이지Martin Scorsese 감독의 표현과 딱 들어맞는다.

"영화라는 것은 미학, 감정, 정신의 표출이자 모순되고 때로는 역설적이기도 한 인간의 복잡미묘함, 캐릭터가 반목하고 사랑하고 서로를 대면하게 되는 과정을 그리는 예술행위다."

나를 온전히 즐겁게 하는 것들을 찾아서

한국에 돌아와 일을 시작하고 한동안 일에 치여 나를 찾지 못하다가 씨네큐브를 발견하고는 주말이면 혼자 영화관을 찾았다. 그리고 근처 갤러리에 들러 내가 보고 싶은 만큼 작품을 감상하곤 했다. 딸이 어렸을 때는 환기미술관이나 성곡미술관에 딸의 손을 잡고 다녔다. 그곳에서 딸이 마음껏 뛰어놀 동안 나는 작품을 감상했다. 딸이 훌쩍 자란 후에는 주말에 내 시간을 즐길 수 있었다. 오롯이 나만의 시간이었다. 그때마다 나는 극장과 갤러리를 찾았다.

늘 영화에 관심을 갖다 보니 어떤 때는 놓칠 수 없는 영화를 보기 위해 아무리 바빠도 특별한 노력을 기울일 때가 있다. 어느 날 구로사와 아키라黑澤明 감독의 영화 〈라쇼몽〉을 허리우드 극장에서 상영한다는 정보를 입수했다. "영화 혼자만 보지 말고 저 좀 불러주세요." 하고 말했던 후배들이 떠올라 그 중 한 후배에게 연락하니 당장 달려오겠다고 했다.

비가 주룩주룩 내리던 날, 역사적인 흑백영화 속에서도 비가 쏟아졌다. 당시 나는 인간관계로 인해 몹시 속앓이를 하고 있었다. '아니 어떻게 이럴 수가 있지.' 하는 일로 가슴이 꽉 차 있었다. 영화는 산속에서 살인 사건이 일어나고 이를 목격한 사람마다 다르게 기억한다는 내용이다. 하나의 진실이나 사실도 인간의 주관적인 기억 속에서는 얼마나 황당할 정도로 다른 얘기가 될 수 있는지를 보여준다.

인간은 자기가 보고 싶은 것만 보고 기억하고 싶은 것만 기억한다. 똑같은 일을 겪고도 받아들이는 것은 다 제각각이다. 같은 일도 자신이 처한 상황에 따라 자신의 관점과 생각으로 받아들이고 기억한다. 영화를 보고 나도 모르게 가슴속에 꽉 차 있던 일을 슬그머니 내려놓을 수 있었다. 이렇듯 영화는 나에게 기대하지 않았던 선물을 안겨주곤 한다.

한동안 자신감도 떨어지고 무기력하게 느껴져 헤어나지 못할 때가 있었다. 그때 무심코 마주친 영화가 〈유스〉였다. 내가 좋아하는 파울로 소렌티노 Paolo Sorrentino 감독이 만들고 마이클 케인 Michael Caine 이 주연을 맡았다. 파울로 소렌티노는 〈그레이트 뷰티〉로 이미 내 눈길을 사로잡았던 감독이었다.

〈유스〉는 〈그레이트 뷰티〉보다 더 차분하고 아름답고 웅장했다. 인간의 감정에 대한 모든 것, 인생의 모든 것 그리고 끊임없이 젊음에 대해 얘기했다. 인간의 과거와 미래, 젊음과 늙음, 욕망과 열망, 눈에 보이는 것과 보이지 않는 것, 드러난 것과 드러나지 않는 것…… 삶과 죽음이 교차하며 욕망과 열망이 엇갈리기도 한다.

82세의 은퇴한 지휘자인 밸린저는 음악만 알고 살다 삶의 모든 것을 내려놓은 듯 보인다. 영화감독인 친구 믹은 젊은 스태프들과 일하며 마지막 작품을 위해 열정을 불태운다. 믹은 스태프들과 함께 오른 산 정상에서 망원경을 보여주며 이렇게 말한다.

"젊을 때는 모든 게 가까이 보이는 것 같지, 미래니까. 하지만 나이가 들면 모든 게 멀리 있는 것 같아, 과거니까."

아이러니하게도 삶을 다 내려놓은 듯했던 밸린저는 과거 자신을 움직였던 열정을 되찾아 음악을 다시 하고, 아직도 열정이 넘치는 듯했던 영화감독 믹은 영화에 꼭 필요한 배우를 놓치고 절망하여 죽음을 택한다.

삶과 죽음이 허무할 만큼 묘하게 교차한다. 스위스의 어느 휴양지 푸른 언덕에 온갖 인상의 군상들이 수십 명의 배우로 연출된 장면은 아름다운 미장센 그 자체였다.

영화를 보고 나오는데 이유 없이 나를 억누르고 있던 무기력이 확 떨쳐지는 느낌이 들었다. 한동안 〈유스〉의 주요 장면과 대사가 나를 감싸고 있었다. 나에게 어떤 것도 쉽게 채워줄 수 없는 돌파구이자 새로운 에너지였다. 이 모든 것은 오로지 영화만이 내게 가져다줄 수 있는 선물이다.

영화를 즐기는 것이 나의 자연스러운 일상인만큼 영화는 늘 내 옆에 자리하고 있다. 가끔 나를 사로잡아 한동안 놓아주지 않는 보석 같은 영화를 만날 때 가장 행복하다. 얼마 전 넷플릭스에서 우연히 본 영화 〈두 교황〉은 앉은 자리에서 연달아 두 번을 보았다. 정제된 간결한 대사에서 품어나오는 깊이는 그야말로 압권이었다.

영화의 줄거리는 존경하는 배우 앤소니 홉킨스Anthony Hopkins가 맡은 전 교황 베네딕토 16세와 새 교황 프란치스코 사이의 실제 얘기를 바탕으로 한다. 영화에서 끊임없이 나오는 화두는 '변화와 타협'이다. 종교관, 성장 과정, 취향 어느 것 하나 비슷한 것 없이 달라도 너무 다른 두 사람의 극명한 관점은 좀처럼 접점을 찾을 수 없는 듯 보였다. 하지만 그들은 서로를 받아들임으로써 변화와 타협이 양자택일해야 하는 주제가 아니라 서로 얽혀 균형을 찾으며 더불어 살아가야 하는 가치이자 존재라는 것을 보여준다.

우리는 누구도 한 가지 가치에만 의존하며 살아갈 수 없다. 변화를 주장하는 프란치스코 교황도 베네딕토 교황이 사임해야겠다고 하자 그것은 전통과 원리에 어긋나는 일이라고 말린다. 우리는 때로 타협이 변화를 불러오기도 한다는 것을 종종 목격하게 된다. 요즘은 온 세상이 젊은 세대와 기성세대로, 진보와 보수로 나뉘어 한 치도 양보 없는 끝없는 싸움을 벌이는 듯하다. 절대로 후세에 물려줄 일은 아닌 것 같다. 내 인생을 돌아볼 때 여성이 드문 시대에 일하면서 여성과 남성의 다름이 차별로 이어지는 무수한 부조리와 불합리를 직접 겪어보기도 하고 주위에서도 보아왔다. 하지만 그 긴 과정의 끝에 떠오르는 생각은 혹시 나는 내가 겪은 이 모순을 전혀 다른 모습으로 재현하고 있지는 않나 하는 생각이다. 완벽한 논리가 없듯이 인간은 누구도 완벽한 존재로 살아가지 못한다.

영화 속 두 교황도 서로를 받아들이게 되는 것은 극명하게 다른 두 관점의 중간을 찾아서가 아니라 오히려 서로의 흠과 상처를 들고 이해하고 용서하며 상대방을 받아들이고 포용하게 된다. 앞으로 살아가며 두고두고 생각하고 실천할 일이라고 생각한다. 영화가 남긴 여운이 지금도 생생하게 떠오른다.

미술 작품 감상 또한 나의 행복한 즐거움이다. 해외로 출장을 갈 때마다 여유 시간이 나면 두 군데를 찾는다. 딸이 주문한 쇼핑 리스트를 들고 백화점을 가거나 도시 내 미술관에서 하고 있는 전시가 무엇인지 들러본다.

한번은 시애틀에서 평생 잊지 못할 전시를 보았다. 호텔 근처를 걷고 있는데 시애틀 시립미술관에서 반 고흐 특별전을 하고 있었다. 사실 암스테르담에 있는 반 고흐 뮤지엄에서는 좋은 그림은 다 어디 출장 중이었는지 실망했던 적이 있었다. 다행히 전시 컬렉션이 얼마나 좋던지 고흐의 훌륭한 작품을 모두 한 자리에 모아놓은 것 같았다. 전시장에 들어서자마자 나도 모르게 탄성이 터져 나왔고 나도 모르게 '광기 어린 색깔'이라는 말이 떠올랐다. 너무나 아름다운 광기였다.

수많은 전시를 봤지만 그렇게 강렬한 색깔, 강렬한 느낌은 처음이었다. 불타는 듯한 노란색 해바라기, 별이 빛나는 밤의 푸른 빛깔, 보라색의 아이리스, 밤의 카페 테라스의 노란 색채, 꽃피는 아몬드 나무의 고운 색감들, 우체부 룰랭의 파란색 제복……. 고흐는 생전에 단 한 순간도 세상적인 편안함이라는 것은 누려보지 못했지만 그의 작품마다 뿜어낸 색깔들을 보면 그림을 그리는 그 순간 무척 행복했으리라 짐작된다. 그림보다 색깔이 더 압도적으로 다가왔다.

그 압도적인 느낌은 아주 오랫동안 나에게 활력을 불어넣었다. 지금도 강렬한 색깔들이 주었던 느낌이 선명하다.

진정으로 강해지기 위해서는 즐길 줄 알아야 한다

이렇게 즐거운 일을 하고 나면 스트레스가 확 풀린다. 스트레스를 풀기 위해 영화를 본 게 아니라 내가 즐거운 일을 맘껏 하니 스트레스가 풀리는 것이다. 한창 일할 때는 일만 해도 하루 24시간이 모자랐다. 그러나 아무리 할 일이 많아도 즐길 수 있는 무언가를 꼭 찾아야 한다. 그것을 위해 시간을 내야 한다.

스트레스를 풀 일과 시간을 찾으라고 권하고 싶지 않다. 내가 즐길 시간을 내라고 하고 싶다. 즐거운 일을 하면 스트레스는 저절로 풀린다. 나를 위해 즐길 시간을 낼 수 있다는 것만으로도 마음이 뿌

듯하고 고된 일이 새롭게 느껴진다. 새로운 안목과 새로운 의미 그리고 여유와 균형을 찾을 수 있다.

일하는 여성은 일에 치어 자신이 '즐거운 것'이 무엇인지 진지하게 생각해보지도 않고 살아가는 경우가 많다. 게다가 일한다고 해서 육아나 가사를 온전히 남에게 맡기지도 못한다. 물리적으로 남의 도움을 받더라도 심리적으로는 절대 마음을 놓지 못한다. 이런 마음이다 보니 일하면서 자신이 즐기는 것까지 찾는다면 사치라고 생각한다.

그렇지 않다. 결코 사치가 아니다. 크리스틴 라가르드Christine Lagarde 유럽중앙은행 총재는 "진정으로 강해지기 위해서는 인생을 즐길 필요가 있다."라고 말했다. 일하는 여성일수록 반드시 자신이 '즐거운 것'을 찾고 삶의 돌파구를 찾아야 한다. 나의 즐거움을 위해 충분히 시간을 할애할 때 새로운 삶의 방향과 더 지혜로운 답을 찾곤 한다.

여성들이 서로 사랑할 때
더 아름다운 꽃이 핀다

미국의 전직 국무장관 매들린 울브라이트_{Madeleine Albright}는 이렇게 말했다.

"다른 여성을 돕지 않는 여성에게는 지옥에서도 특별한 자리가 기다리고 있다."

여성은 여성끼리 서로 도와야 한다. 서로 돕고 밀어주고 이끌어줄 때 남성이 하지 못한 큰일을 해낼 수 있다.

여성 선배로서 여성 상사로서 여성들의 일은 항상 내 일같이 여겨졌다. 사람이 모이면 항상 공통점을 가진 사람들끼리 왠지 더 가까움을 느끼고 더 뭉치려 든다. 인간의 기본 심리다. 학연, 지연을 따지는 풍조는 어느 조직에나 있다. 나는 그런 데는 아예 관심이 없는 편이다. 그러나 여성끼리는 뭉쳐야 한다고 생각한다. 비슷한 색깔끼리 뭉치는 것은 편파적일 수 있으나 소수 그룹이 뭉쳐 목소리를 내는 것은 반드시 필요한 일이다.

어려움을 함께 나누면 세상이 바뀐다

나는 많은 여성 그룹의 왕언니 노릇을 하고 있다. 때론 내가 적극적으로 나서기도 한다. 후배 여성 임원들은 말할 것 없고 여성 직원이 많은 계열사도, HR 부문에서 일하는 여성들도, 교육에 참석했던 어떤 기수에서 모이게 된 여성들도 자연스럽게 모임이 만들어지면 왕언니로 초빙 받곤 한다.

모임이라는 게 처음 모였을 때는 반짝 활발하다가도 시간이 지나면 흐지부지되게 마련이다. 보통 간사 역할을 지명하지만 각자 현업을 하느라 바삐 지내다 보면 참여율도 떨어지고 몇 명 모이지 않게 되면 맥이 빠진다. 이럴 때면 내가 나서서 모임을 정기적으로 이어간다. 총대를 메고 모임을 주선하며 이끌어가는 사람이 필요하기 때문이다. 모두가 참석 가능한 일정을 잡고 참가 여부를 확인하고 장소를 잡는 일을 직접 한다. 모두 "선배님이 이러시면 안 되고 우리가 해야 하는데……"라고들 하지만 내가 왕언니처럼 주도적으로 움직여야 모일 수 있다는 것을 잘 안다.

이렇게 내가 나서는 데는 이유가 있다. 여성의 특성 중 하나가 '몰입'이다. 집중력 면에서 여성이 남성보다 더 강한 면도 있지만 그만큼 한 가지에 집중하다보면 한편으로는 주위를 돌아보는데 소홀한 면도 있다. 또 다른 이유는 여성은 남성보다도 더 몰입해서 일하지 않으면 똑같이 인정받기 어려운 환경 탓도 있다. 이런 환경에서 맡은 일에 몰입하여 전력투구하다 보니 주위에서 일어나는 일에 무관심하기 십상이다.

반면 남성은 매우 다르다. 서로 뭉치고 자주 모이고 정보를 공유하고 교환하며 같이 힘을 기르고 그 결과를 나누는 것이 몸에 밴 일인 양 자연스럽다. 어려움이 있으면 나서서 서로 도와주기도 한다. 여성은 개인적으로 고군분투한다. 어려움이 있어도 속으로 끙끙 앓으며 혼자 헤쳐 나가려 한다.

동병상련의 공통점을 가진 사람끼리 모여서 얘기를 나누는 것만으로도 숨통이 트인다. 감정적인 이해나 도움을 받는 일이 해결책을 만드는 일보다 중요할 때도 많다. 해결책이 안 나와도 상관없다. 해결책은 누구나 스스로 결정하고 실행하는 것이다. 그러나 이런저런 의견을 나누고 듣는 것만으로도 해결책을 찾는 데 엄청난 도움을 받을 수 있다. 어려울 때 맺은 유대관계는 꽤 탄탄할 때가 많다.

그런데도 어떤 여성은 여성끼리 뭉치는 것이 남성들이 보기에 뭘까 봐 자제하는 경우도 있다. 딱한 일이다. 여성이 남성의 잣대에만 맞추려 들다 보면 자신도 모르게 여성을 경시하는 경향을 보이기도 한다. 여성이 여성을 경시하거나 가혹하게 대하면 누구에게서도 존중받을 수 없다.

2000년에 임원이 되고 그해에 선임된 신임 임원끼리 모임을 만들었다. 처음에는 다수가 모였으나 지금은 여섯 명이 남았다. 이 모임의 간사는 첫해부터 지금까지 내가 맡고 있다. 한 모임이 20년 가까이 그리고 앞으로도 지속할 모임은 흔치 않다. 이 모임은 당연히 내가 홍일점이다. 멤버들은 지금까지 우리가 이 모임을 지속할 수 있는 이유는 여성인 내가 간사를 맡아서라고 한다.

이렇게 오래 지속해오고 있는 모임 그리고 앞으로도 지속할 모임 중 또 하나는 인화원 여성 직원 모임이다. 이 모임 역시 아직까지도 항상 내가 모임을 주선한다. 인생의 긴 시간을 같이했고 앞으로도 인생을 같이할 이 모임은 언제나 반갑고 즐겁다. 모이면 항상 옛 얘기를 나누게 된다.

인화원 생활 중 가장 기억에 남는 것이 내가 인화원 있을 때 마련했던 '명절 후 뒤풀이 티타임'이었다고 한다. 많은 여성 직원이 명절에 쉬지도 못하고 지방에 있는 시댁에 가서 노력 봉사를 마치고 돌아와 곧바로 출근해야 한다. 맏며느리로 명절마다 차례를 지내야 했던 나는 누구보다도 일하는 여성에게 명절 스트레스가 어떤 것인지를 잘 알고 있었다. 명절이 끝나고 출근한 날은 모든 여성이 내 방에 모여 티타임을 갖고 와자하니 수다를 떨었다. 인화원에서도 당연한 일로 여기고 남성 팀장들이 여성 팀원들에게 어서 티미팅에 참석해 스트레스를 풀고 일을 시작하라고 했다. 지금도 내 방에 모여 남편, 시어머니, 시누이 흉을 맘껏 보며 명절 스트레스를 풀던 일이 가장 기억에 남는다고 한다.

퇴임하고 나서 성경을 보다 문득 성경을 공부해보고 싶은 마음이 생겼다. 성경 공부는 미국에서 유학할 때 꽤 했지만 이번만큼은 좀 더 깊이 있게 제대로 해보고 싶었다. 여기까지 생각이 이르자 LG의 두 여성 후배들이 떠올랐다. 평소에 믿음이나 성경에 대한 지식이 예사롭지 않다는 것을 눈치채고 있었다. 두 선생님의 가르침으로 성경에 대해 더없이 깊이 공부하고 있다. 지금은 여섯 명이 모여 해를 거듭하며 성경을 공부하고 인생의 감사할 일, 어려운 일들을 나눈다. LG에서 오랜 시간 동질의 소속감을 나누며 일했던 시간도 아름답지만 퇴임 후 서로의 인생을 나눌 수 있어 더없는 축복으로 여겨진다.

여성은 소수 그룹이므로 더욱 뭉쳐야 한다. 뭉쳐서 나눌 일과 할 일이 무궁무진하다. 세를 형성하는 것이 아니다. 여성끼리의 네트워킹이 매우 중요하다. 여성 스스로 여성을 지지하고 응원해야 한다. 개인으로 고군분투하는 것보다 함께 목소리를 높여야 영향력을 발휘할 수 있다. 지금은 불가능해 보이는 일도 함께 협력해서 행동하면 가능해질 수 있다. 조직 사회에서 아직은 소수인 여성은 더 나은 미래를 만들어나갈 후배들을 위해 저마다 책임감과 소명 의식을 갖고 임해야 한다. 여성이 이 세상을 어떻게 나은 세상으로 그리고 더 아름다운 세상으로 만들어나갈 수 있을지 끊임없이 모색해야 한다.

'여성의 적은 여성'이라는 말은 더 이상 우리의 것이 아니다. 여성은 함께 뭉쳐 더욱 아름답고 향기로운 꽃을 피우고 풍성한 열매를 맺어야 한다. 여성의 내면에 있는 깊은 사랑, 남성이 결코 흉내 낼 수 없는 관용과 이해의 마음으로 서로를 응원하고 지지할 때 조직에서 빛날 수 있을 것이다.

어머니가 물려준 위대한 인생철학

나의 어머니는 올해로 97세이시다. 나는 어머니가 안 계신 세상을 상상하기 어렵다. 세상은 여전히 돌아가는데 어머니는 존재하지 않는 공허함이 어떨지 짐작조차 되지 않는다. 이제는 마음의 준비를 해야지 하다가도 그냥 생각을 멈추어버리곤 한다.

나의 어머니 역시 그 시대 한국의 많은 여성과 비슷한 인생을 사셨다. 어린 시절 일제 강점기의 척박하고 암흑 같은 시간을 지나 신교육의 맛을 조금 보고 일찍 결혼해 6.25전쟁을 겪고, 가난한 시절

근검절약하며 아이들을 키우고, 자신의 인생은 존재하지 않는 양 희생하며 그 속에서 보람과 행복을 찾는 긴 여정을 꿋꿋하게 살아왔다.

동네에서 가장 사랑받고 존경받는 노인

한 시대를 사는 사람들의 인생은 비슷한 듯하지만 자세히 들여다보면 저마다의 인생은 전혀 다르다. 어머니는 개성 호수돈 여고를 졸업하고 지금은 고려대 의과대학으로 편입된, 수도여자의과대학 간호학과를 1년 정도 다녔는데 외할머니가 여자가 무슨 피 뽑는 일을 하냐며 좋은 혼처가 났으니 시집을 가야 한다고 엄명을 내렸다. 결국 어머니는 청운의 꿈을 접고 끌려오다시피 결혼해 종손 며느리가 되었다. 아버지는 연세대 상과를 다니는 학생이었고 엄마 말씀으로는 세상 물정 모르는 소년이었다고 한다. 어머니는 커다란 종갓집 살림살이를 익히며 딸 셋을 낳았다.

6.25전쟁이 터져 피난을 다녔고 종전 후 얼마 안 가 아버지는 서른넷에 폐결핵으로 돌아가셨다. 종손 집안에 대가 끊긴 셈이다. 그 많던 땅과 재산은 휴전선 너머 남의 것이 되었고 어머니는 서른셋에 열 살, 다섯 살, 두 살짜리 딸 셋을 끌어안은 싱글맘이 되었다.

전쟁통에 홀로 된 어머니는 살길이 막막했다. 당시 정부에서는 초등학교 한 곳당 한 명의 양호교사를 두는 제도를 실시하기 위한 시범사업으로 양호교사를 선발했다. 살길을 찾아야 했던 어머니는 의전 언저리에서 조금이나마 익힌 실력으로 과감히 도전했다. 꽤나 셌다던 경쟁률을 뚫고 10명의 1세대 양호교사 중 한 명으로 선발되었다. 한국의 양호교사 1호인 셈이다. 직장을 구했으니 어려우나마 세 딸을 키울 수 있는 기반이 마련되었다.

한 문단 정도로 축약되는 어머니 인생의 이면이 어땠을까는 가히 짐작이 가고도 남는다. 험난한 인생의 고비 속에 어머니는 철두철미한 어머니만의 인생철학을 터득했다. 집안도 배경도 돈도 아무 소용이 없다는 것이다. 그런 것은 한순간에 물거품이 될 수 있다는 것을 뼈저리게 깨달았다. 어머니가 살 길은 오로지 자신의 힘으로 정직하고 열심히 최선을 다해서 살아가는 것뿐이었다. 그러면 하늘도 돕는다는 것이 어머니의 매우 단순하지만 위대한 인생철학이다.

이런 어머니의 삶의 태도는 고스란히 딸 셋의 유산이 되었다. 종손 며느리로 아들을 못 낳고 딸만 낳았다는 열등감은 오히려 딸 셋을 보란 듯이 반듯하게 잘 키워내겠다는 어머니 삶의 가장 원초적이고 근원적인 원동력이 되었다.

어머니는 매사에 열심이었다. 어렸을 때는 "왜 저렇게까지 해야 돼?" 하며 언니들과 엄마 흉을 볼 정도로 지나치게 열심히 살았다. 그 '지나치게' 덕분에 우리가 편안한 인생을 누릴 수 있었다는 것을 제대로 이해할 만큼 철이 드는 데는 시간이 꽤 걸렸다.

어머니는 퇴임할 때 석류장 훈장을 받았다. 모두가 가난했던 시절 어머니는 극빈층 아이들의 건강에 관심이 많았다. 산동네 꼭대기에 사는 병약한 아이의 부모님을 이끌고 유명한 의사 선생님을 찾아 치료를 위해 애쓰던 일이 눈에 선하다. 지금도 무료로 심장병 수술을 받고 건강해진 6학년 초등학생이 연필로 삐뚤빼뚤 쓴 감사 편지를 간직하고 계신다. 그런 감사 편지와 표창장이 하나 둘이 아니다.

퇴임하고 나서도 어머니 몸에 밴 열심은 멈출 줄 몰랐다. 큰언니와 함께 평창동에 살던 어머니는 동네 민원해결사로 유명했다. 동네에 불편한 점이 있으면 일단 현장으로 답사를 간다. 문제를 파악하고 주변을 조사한 후 요청 사항에 대한 논리를 명확히 정리하고 구청으로 향했다. 당당히 구청장을 만나겠다고 요청하고 안 된다고 하면 꼭 필요한 얘기이므로 기다리겠다고 했다. 어머니의 조리있는 이야기에 구청장은 한 마디도 틀린 말씀이 없다며 즉시 해결해주었다. 빽도 쓰지 않고 떼도 쓰지 않고 원리원칙대로 조용히 해결한 것이다.

내가 일하는 모습에 부족한 점도 많지만 칭찬을 듣는 얘기들은 주로 이런 내용들이다. '책임감이 강해 믿고 맡길 수 있다, 대충 하는 법이 없다, 안 되는 일이 없다, 행동으로 보여준다.' 나는 많은 순간 '아, 내가 엄마 그대로구나!' 하고 느끼곤 한다. 한번 시작했으면 끝을 봐야 하는 나의 성격도 오롯이 어머니를 닮았다.

어머니는 손주들 키우는 일에도 매진했다. 손주 중 막내인 내 딸과는 더없이 돈독한 관계다. 내가 딸을 위해 낼 수 없었던 시간을 어머니는 빈틈없이 메꾸어 주었다.

바쁘게 사는 딸들을 둔 어머니는 어디가 편찮아도 자식에게 말하는 법이 없었다. 혼자 병원에 가고 모든 것을 스스로 해결했다. 자식들에게는 털끝만큼도 부담을 안 주려고 했다. 어머니의 달력을 보면 임원인 내 달력 못지않게 스케줄이 빽빽했다.

어머니는 가톨릭 신자다. 어머니의 기도 시간은 매우 길다. 아침 드시고 한 시간이 넘게, 잠자리에 드시기 전에 한 시간 남짓. 항상 나지막이 소리를 내어 기도하시곤 했다. 나는 어떤 때는 답답해서 기도 중인 어머니를 흔들며 내가 필요한 용건을 마구 쏟아내기도 했다.

하루는 도대체 무슨 기도를 이렇게 길게 하시나 싶어 살짝 들어보았다. 어머니의 기도 대상은 놀랍게도 수십 명이 넘었다. 이웃집이 겪고 있는 어려움부터 수녀님의 건강, 동네 쓰레기 수거를 도와주는 아저씨의 건강까지 어머니가 아는 모든 사람의 삶을 놓고 짤막짤막한 바람과 감사로 이어지고 있었다. 어머니의 삶은 사람에 대한 애정이 원동력이었다.

어머니의 삶은 세상에서 가장 훌륭한 산 교육이다

어머니가 92세가 되던 해 뜻하지 않은 큰 교통사고를 당했다. 고령의 택시 기사가 횡단보도를 건너던 어머니를 치었다. 오른쪽 아랫

다리가 으스러졌다. 어머니는 6시간에 걸친 대수술과 6개월에 걸친 재활치료를 견뎌냈다. 93세에는 척추 시술을 받았고 94세에 고관절 수술을 받았다. 매번 너무 고령이라 수술을 할 수 있을지 모르겠다는 의사의 우려 속에 수술이 시작되고 이렇게 정신력이 강한 환자는 처음 본다는 얘기를 들으며 이겨내곤 했다. 어려운 수술과 재활을 매번 꿋꿋하게 이겨내는 어머니의 모습에 가슴이 저렸다. 항상 어떤 일이 있어도 이겨내는 것이 엄마의 삶이었다.

교통사고를 당했을 때는 입원한 3주 동안 남의 손에 어머니를 맡기고 싶지 않아 24시간 꼬박 붙어 있었다. 다행히 내가 퇴임한 후여서 어머니의 병간호에 올인할 수 있었다. 그 후에도 연이어지는 병마와 씨름하며 지금은 실버타운에 전속 간병사를 두고 모시고 있다.

아흔이 넘은 고령에 큰 수술을 세 번이나 겪으며 어머니는 몰라보게 쇠약해졌다. 작고 마른 체구지만 언제나 활기차고 강단이 있는 모습이었는데 이제는 살과 근육은 온데간데없고 오로지 뼈와 가죽만 남은 모습이다. 체구가 너무 작아져 아기 같다. 틀니도 못 한 지 오래됐고 이도 다 빠져 옛 얘기를 하며 파안대소할 때는 천진난만한 얼굴에 나도 모르게 가슴이 저리고 목이 메어온다.

내가 한창 바빠 일할 때 항상 아쉬웠던 게 어머니와 충분히 시간을 갖지 못하는 것이었다. 나는 병간호를 하면서 처음으로 어머니와 시간을 보내며 긴 얘기를 나누었다. 사실은 다 아는 얘기였다. 어머니 인생의 굴곡 속에 헤아릴 수 없이 많은 일들을 귀에 못이 박히도록 들어왔다.

나는 약할 대로 약해진 어머니 옆에서 어머니의 얘기를 귀담아들었다. 이제야 나도 어머니가 되어 어머니가 겪은 많은 일을 내 일처럼 느낄 수 있었다. 그때 어머니의 나이가 내 인생 어디쯤이었는지 비교해보며 절박했을 심정을 헤아릴 수 있었다. 90이 넘어 아무것도 할 수 없는 어머니 곁에서 내 나이 60이 넘어 겨우 이제야…….

이렇게 마음으로 어머니의 얘기를 들어드리니 항상 얘기를 마치고는 "고맙다. 고맙다."를 연발하신다. 못난 딸한테 오히려 고맙다니…….

평탄치 않았던 삶이 어머니에게는 무척 힘들고 고됐을 것이다. 그러나 힘든 삶을 이겨내는 어머니의 모습은 나에게 세상에서 가장 훌륭한 산 교육이었다. 어머니가 온몸으로 살아냈던 모습 그대로 내가 살아가는 모습이었다. 나는 어머니가 나에게 물려준 유산을 한없이 감사하게 생각한다.

내 딸에게 나는 무엇을 물려주고 있을까 가끔 생각해본다. 훗날 딸이 감사하게 생각할 것들을 아무리 많이 물려준다고 해도 어머니가 나에게 물려준 것만큼은 도저히 못하리라 생각한다.

엄마. 엄마. 오 나의 어머니!
당신은 훌륭한 인생을 사셨고 내 인생 최고의 엄마였습니다.
엄마 미안해요! 한없이 사랑해요!

제5장

끝없는 재창조

나의 우주와 다른 누군가의 우주를 연결한다

긴 시간 조직에서 내 일을 마치고 시작한 코칭은 나에게 제2의 성장 과정이다.

코칭이란 스스로 답을 가진 이들에게 답을 찾을 수 있도록 파트너가 되어주는 것이며, 무한한 가능성의 존재로 인정해주는 것이다. 내가 답을 주는 것이 아니라 끊임없는 질문을 통해 상대방이 내면에 갖고 있는 답을 끌어내는 것이다. 그 과정에서 오히려 내가 더 크게 배운다. 끊임없이 배우면서 비로소 나만의 우주가 다른 누군가의 우주와 연결됨을 느낀다.

상대방의 입장에서 생각하라

　　　　　　　　　　　최초의 여성 임원이라는 꼬리표를 부담스러워한 적은 없는 것 같다. 시간이 갈수록 오히려 막중한 책임감으로, 나아가서는 소명으로 받아들였다. 더 시간이 지났을 때는 마치 나의 DNA같이 느껴지기도 했다. 충분히 하지는 못했을지 모르지만 마음으로는 항상 여성 후배들에게 눈길이 더 가고 늘 염두에 두고 있었다.

　내 뒤를 이어 여성 임원이 지속해서 배출되고 있다. 속도나 숫자는 여전히 내 성에 차지 않았지만 그래도 매년 여성 임원이 나오면 뛸 듯이 기쁘다. 항상 내가 먼저 연락해 식사하고 차를 마시며 많은 얘기를 나누고 어려운 일이 있을 때마다 혼자가 아니니 같이 나누자고 했다.

여대생이나 일하는 여성을 대상으로 하는 강의나 세미나, 멘토링 프로그램에도 어떻게든 시간을 내 적극적으로 뛰어다닌다. 어려움을 호소하는 후배들의 이야기도 열 일 제치고 열심히 듣고 용기와 힘을 북돋아준다.

언제나 수많은 남성 속에 유일한 여성이었던 나는 여성에 대한 이해가 부족한 대화가 당연한 양 진행될 때 절대로 그냥 지나치지 않고 의견을 분명하게 얘기했다. 내 딴에는 부드럽게. 그러나 속으로 뜨끔한 남성들도 많았으리라. 이럴 때 나는 마치 겉은 부드러우나 속에는 단단한 갑옷을 입은 여전사와 같았다.

리더가 되어 성장하는 사람과 멈추는 사람

여성 후배 중 가장 시니어인 K부장은 처음 인화원에 들어와 사무실을 돌며 전 직원과 인사할 때 유일한 여성 대리였다. 당시 여직원들은 모두 사원급이었는데 K는 승진이 빨랐다고 한다.

나는 그가 성장하는 모습을 보며 늘 대견했다. 일에 대한 책임감이 투철하고 여성 특유의 강점인 디테일에 강해 항상 맡은 일에 자신만의 맛깔스러운 색깔을 더했다. 프레젠테이션도 아주 잘했다. 일에 철저하고 몰입하는 스타일이었다.

K부장이 차장이었을 때 내 부서에서 함께 일할 기회가 있었다. 가까이에서 보니 이전에는 발견하지 못했던 장점이 많았다. 너무 쿨해 주위에서 좀 어려워하는 면이 있다고 들었는데 리더가 될 만한 자질도 눈에 띄었다. 자기 일만 잘하는 줄 알았는데 드러내지 않고 후배들을 챙겼다. 또한 일에 대한 피드백을 명확히 해주는 데 탁월했다. 명확한 피드백은 후배를 성장시킨다. 요즘으로 말하면 츤데레 같은 스타일이랄까.

여성이 일하는 모습과 성장하는 과정에는 몇몇 공통점이 있다. 우선 주어진 일을 최선을 다해 완수하는 책임감과 철저함이다. 주위를 돌아보지 않고 맡은 일에 몰입한다. 당연히 일의 결과가 좋다. 다만 주어진 일을 잘 완수하는 것이 주된 역할일 때는 별문제가 없다. 본인도 주위에서도 문제를 못 느낀다. 문제는 리더가 되어 부하 직원을 두고 내가 직접 뛰지 않고 남을 통해서 주어진 미션을 행해야 할 때부터 시작된다. 소위 리더십을 발휘해야 할 때부터 더 이상 탈바꿈이 안 되어 성장하기 어려운 사람과 리더로서 지속해서 성장할 가능성이 보이는 사람으로 갈린다.

리더로서 리더십을 발휘할 수 있는 자질이 있느냐 없느냐의 문제는 솔직히 남녀 모두에게서 똑같이 나타난다. 그런데도 유독 여성의 경우가 더 눈에 띄는 이유는 여성이 이 길목에서 좌절하거나 단절되는 경우가 더 많기 때문이다. 그 이유를 나는 이렇게 본다. 여성은 안으로 성장하고 남성은 밖으로 성장하기 때문이다. 여성은 내적으로 성장하며 맡은 일에 깊이를 더해간다면 남성은 늘 바깥으로 시선을 돌리며 위아래 주변을 살필 줄 알고 관계를 형성하는 데 능하다.

이것은 여성과 남성의 능력 차이가 아니라 여성과 남성의 '다름'일 뿐이다. 접근하는 방법이 다르고 가는 길이 다른 것이다. 이것을 능력 차이라고 단정할 수 없음에도 불구하고 세상은 아주 쉽게 여성과 남성은 여기에서부터 확연히 능력 차이가 나타난다고 얘기한다.

사회적으로 똑같은 환경과 기회와 조건을 준다면 이것은 단지 개인의 차이일 뿐이다. 그러나 우리 사회는 통념적으로 '다름'을 '차이'라고 단정하며 잘 극복하고 나아갈 수 있는 많은 여성들의 잠재력을 사장하고 있다.

예를 들어, 남성 50명, 여성 50명의 모집단을 만들고 90점 이상 받을 수 있는 인재를 고르는 게 나을까? 남성 50명, 여성 10명의 모집단을 만들어 놓고 90점 이상을 받을 인재를 고르는 게 나을까? 전자가 더 효율적이고 더 나은 효과를 낼 확률이 크다고 본다. 그러나 세상은 그렇게 돌아가고 있지 않다.

나는 K부장에게서 리더로서 성장할 잠재력을 보았고 아직은 없는 여성 팀장의 기회를 줘도 손색이 없다고 판단했다. 당시 인화원은 분기마다 인사위원회를 열어 L원장님 이하 임원들이 머리를 맞대고 고심하고 논의하며 어떻게 하면 구성원들의 잠재력을 최대한 살려 성과도 내고 행복하고 건강한 조직을 만들어나갈지 고민했다.

나는 K부장을 팀장으로 추천한다는 안건을 올렸다. 아무도 반대하지 않았다. 그러나 누구도 동의하지 않았다. 다른 조직이라면 임원들이 모두 남성이었을 테고 여성을 왜 팀장을 시키냐는 얘기가 공공연히 오갈 수도 있었을 것이다. 조금 나은 조직이라면 여성에게 팀장 역할을 시키기에는 신중히 고려해야 할 것들이 많으므로 아직은 때가 아닌 것 같다고 넌지시 뒤로 밀어 놓을 것이다. 언제 다시 그 이슈를 논의할지는 생각도 없으면서. 그러나 인화원에서 그럴 수는 없었다. 그룹 최초의 여성 임원을 배출했고 그 여성 임원이 위원회의 멤버로 버젓이 있는데 속으로는 그런 생각을 하더라도 드러내고 얘기할 수는 없을 것이다. 하지만 반대도 동의도 없다 보니 그저 안건을 올린 것으로 끝나고 말았다.

나는 한 번으로 물러날 일은 아니라고 생각해 다음 인사위원회에서도 같은 안건을 올렸다. 같은 반응이었다. 그다음 위원회에서도 줄기차게 동일한 안건을 올렸다. 같은 반응이었다.

이 방법으로는 안 되겠다는 생각이 들었다. 나는 어떤 일이 제대로 논의되지도 않은 채 흐지부지 흘러가는 상태가 몹시 싫었다. 끝장을 봐야 할 것 같았다. 또 같은 안건을 올리고 무반응의 반응을 보는 것은 더 이상 자존심이 허락지 않았다.

나는 작심을 하고 부사장실을 노크했다. S부사장은 사고가 매우 유연하고 여유가 있으며 어떤 일에도 열린 마음으로 대하는 분이라 편하게 말할 수 있는 상사였다. 작심하고 들어간 만큼 내 딴에는 매우 조리 있게 조목조목 따졌다. 업적이나 역량으로 전혀 뒤지지 않는 K부장의 팀장 선발이 이렇게 어렵다면 그 이유가 혹시 여성이기 때문이냐고 날카롭게 물었다. 지금 이 시대에 그것도 최초의 여성 임원을 배출한 인화원이라는 조직에서 만약 그런 이유로 이 안건이 실행되지 않는다면 매우 부끄러운 일이 아니냐고 되물었다.

묵묵히 나의 항의를 듣고 있던 S부사장이 입을 열었다.

"그게 말이에요. 음…… 이런 게 있어요. 뭐랄까…… 여성 이슈를 윤 상무가 너무 열심히 주장하니까 저건 윤 상무의 일이고 윤 상무가 언젠간 알아서 하겠지 하고 다 뒤로 물러나 있다고나 할까."

나는 그 얘기를 듣는 순간 뒷통수를 한 대 강하게 맞은 듯한 기분이 들었다. 전혀 생각지도 느끼지도 못한 부분이었다. S부사장이 넌지시 전해준 그 말에는 내가 나를 돌아보아야 하는 너무나 많은 것들이 담겨 있었다.

나는 그 안건에만 파묻혀 주변을 전혀 살피지 못하고 있었다. 나의 올바른 주장에 나르시시스트처럼 빠져버려 이 시대가 어떤 시대인지, 이 조직이 어떤 조직인지, 같이 일하는 임원들은 어떤 성향의 사람인지, 그들은 이 안건에 대해 어떤 관점을 가졌는지 전혀 관심을 두지 못했다. 나는 선택받은 여성 임원으로 후배 여성을 키우고 싶은 정의와 명분에 힘싸여 현실을 똑바로 직시하지 못했을 뿐 아니라 이 현실을 어떻게 타개해 나갈지 아무런 준비도 없었다.

상대방의 입장에서 합리적인 잣대를 세워라

  퇴근길에 운전을 하며 머릿속에 꽉 차 있던 많은 생각들을 하나씩 차분히 정리했다. 그것이 옳든 그르든 여성을 보는 남성의 관점이 어떤지 정확히 알아야 한다. 여성인 나의 행동이 남성들에게는 어떻게 보이는지 그리고 그들의 입장에서는 어떻게 받아들여지고 있는지 객관적으로 판단하고 느낄 수 있어야 한다. 그래야 그들을 이해시키든 설득하든 움직일 수 있지 않겠나. 옳은가 그른가만 따지고 들면 그들은 오히려 뒷걸음칠 것이다. 혹은 무관심으로 눈과 귀를 닫아버릴 것이다. 주장하는 바가 옳다면, 지금은 기대 이하의 반응밖에 보이지 않는 남성들과도 지속적으로 소통하고 씨름하며 옳은 일을 현실로 바꿔야 한다.

  강하게 주장하고 드러내놓고 싸우려들면 현실 사회에서는 너무나 많은 값을 치러야 한다. 때로 의도적으로 이런 방법과 접근을 취할 필요도 있을 것이다. 그러나 남성과 여성이 어울려 일상을 사는 현실 사회에서는 그리고 조직에서는 매우 현실적이고 현명하며 효율적인 방법을 취해야 한다. 시간이 걸리더라도, 돌아서 가는 길이어도.

심사숙고 끝에 전략을 바꿨다. 동료 임원 중 가장 덜 보수적이고 여성 친화적인 P상무를 찾았다. 인화원의 주요 업무를 놓고 이런저런 얘기를 나누다 K부장의 팀장 선발에 대해 의견을 물었다. 매우 능력 있다고 생각하고 팀장을 맡겨도 충분히 잘 해낼 것 같다는 의견이었다. 그렇다면 다음 인사위원회에서 의견을 말해주어도 좋지 않겠냐고 얘기했다.

얼마 후 다음 인사위원회에서 나는 담담한 마음으로 같은 안건을 올렸다. 잠시 침묵이 흐르는 듯하더니 조금은 조심스럽게 P상무가 입을 열었다.

"K부장이 팀장 임무를 수행해내는 데 큰 문제는 없을 것 같습니다."

남성 임원인 P상무의 말을 들은 L원장님은 처음으로 다른 임원들도 돌아가며 의견을 말해보라고 했다. 굳이 노코멘트 하겠다는 임원도 있었으나 대체로 긍정적인 쪽으로 흘러갔다. 문득 L원장님이 나를 물끄러미 쳐다보더니 물었다.

"왜 이번에 윤 상무는 조용하지?"

"오늘 임원들의 의견을 들어보니 제가 여태껏 주장했던 내용과 비슷해서 특별히 덧붙일 말은 없는 것 같습니다."

"그러면 이 정도면 됐네!"

K부장은 팀장이 되었고 맡은 역할을 탁월하게 해냈다.

나는 이 경험으로 또 한 번 성장할 수 있었다. 무엇보다 남성 위주의 사회에서 수없이 느끼는 불합리와 불편에 대해 한결 느긋하게 대할 수 있었다. 그들의 행동이 매우 불합리해 보이더라도 판단하고 반응하기 전에 그들은 왜 이런 행동을 하게 되는가에 대해 먼저 생각해보게 되었다. 이렇게 생각하니 한결 여유가 생겼고 한 발자국씩 거리를 좁힐 수 있었다. 그전에는 안 풀리던 일도 때로는 훨씬 쉽게 설득된다는 것도 알게 되었다. 또한 이런 마음으로 남성을 대하니 그들도 나를 훨씬 더 편하게 대했다.

상대방의 입장에서 생각해본다는 것은 여성과 남성 사이의 일만은 아니다. 사실 상대방의 입장에서 생각한다는 것은 사람 사이의 모든 관계를 쉽게 풀 수 있는 가장 중요한 열쇠다. 부모와 자식, 남편과 아내, 선생과 학생, 팀장과 팀원 등 모든 인간관계가 상대방의 입장에서 어떨까 생각한다면 훨씬 갈등이 줄어들 것이다.

누군가에게 편견의 가해자가 되지 않도록 한다

여성 차별에 대해 강한 목소리를 내는 미국의 대법관 루스 베이더 긴즈버그 Ruth Bader Ginsburg는 젊은이들로부터 엄청난 지지를 받고 있다. 그는 사회적 약자와 소수를 억압하는 모든 형식의 권력에 맞서 "나는 반대한다."를 외친다. 그의 50년 법조 인생이 공정과 평등을 위해 싸운 삶이어서 특히 밀레니얼 세대가 열광한다. 그의 반대로 기혼 남성 공군에게만 주던 주택 수당을 여성 공군도 받게 됐고, 그의 질타로 150년간 남자 생도만 받아온 버지니아 군사 학교가 여자 생도에게 문을 열었다.

그에게는 남성 인권도 똑같이 중요했다. 사별한 아내 대신 아이를 키우는 남자에게 '보육은 엄마의 몫'이란 이유로 보육 수당을 지급하지 않는 사회보장법을 폭로했고, 노모老母를 부양하는 남자가 미혼이란 이유로 세제 혜택을 받지 못하는 법의 부당함을 설파해 모두 승소했다. "루스 없이 진실도 없다!"는 구호가 등장했을 정도다.

긴즈버그는 "여성 얼굴이 박힌 지폐도 있는데 세상에 성차별이 어디 있느냐."고 퉁명스럽게 비아냥대는 남성 판사들에게 분노하는 대신 호소했다.

"특혜를 달라는 것이 아닙니다. 여성의 목을 밟고 있는 발을 치워 달라는 것뿐입니다."

많은 남성들이 자신이 누군가의 목을 밟고 있다는 사실 자체를 인지하지 못하는 경우가 많다. 그러니 설득해야 한다. 끊임없이. 자신의 모습을 보게 하고, 나의 입장을 얘기하고, 서로가 서로의 다른 입장을 이해할 수 있을 때까지 설득해야 한다. 설득할 수 있을 때 부조리한 일로 인한 상처도 치유되고 부조리에 대항할 힘도 기를 수 있다.

부당함에 당당하게 맞서려면

여성 후배들에게 가끔 듣는 하소연이 있다.
"승진이 안 됐어요. 너무 억울해요!"

이번엔 반드시 승진할 거라 믿었는데 정당한 이유 없이 승진이 누락되었다면 그만큼 좌절과 고통을 안겨주는 일은 없다.

인화원에서 진행한 교육 프로그램에 참가했던 S도 이런 상황에 놓여 있었다. S는 내 강의를 듣고 강의가 너무 좋았다며 내게 다가와 인사를 건넸다. 매우 밝고 적극적인 인상이어서 기억에 남았다.

어느 날 S는 긴히 드리고 싶은 말이 있다며 나를 찾아 왔다. 한눈에도 지난번 보았던 밝은 모습은 사라지고 몹시 초췌하고 근심이 가득한 얼굴이었다.

"올해 저는 승진 대상자였어요. 평소에도 열심히 일했지만 올해는 승진 대상자이다 보니 최선을 다해서 더 열심히 했거든요. 중간 중간 상사에게 잘한다는 소리도 듣고 주위에서도 당연히 승진할 거라고 믿는 분위기였어요. 그런데 결과는 아니더라고요. 청천벽력 같았어요."

오죽하면 같은 조직의 상사도 아닌 나에게 찾아 왔을까. 어쩌면 본인이 속한 조직의 상사에게는 쉽게 꺼낼 수 없는 어려운 얘기일 것이다. 하지만 도저히 묻어두기 어려웠나 보다. 회사를 그만두어야 할지, 상사에게 따져 묻고 재고해 달라고 해야 할지, 온갖 생각이 치밀어 일이 손에 잡히지 않고 출근하기도 싫었을 것이다. S는 자신이 꿈꿔온 커리어가 꽉 막힌 듯싶고 기대가 컸던 만큼 다시 딛고 일어설 수 있을지 막막하다고 했다.

S가 왜 그렇게 억울해하는지 구체적인 상황을 들어보니 이해가

되었다. S는 자신이 승진 대상자 중 한 명인 것을 알았기 때문에 주어진 프로젝트에 열과 성을 다해 매진했다. 야근도 불사했고 중간 보고를 할 때마다 상사의 피드백도 긍정적이었다. 그래서 당연히 대리로 승진할 줄 알았다.

기대한 일이 이루어지지 않았을 때 사람들은 매우 좌절하고 실망한다. 무엇이 원인이었을까 반성하고 자책한다. 본인에게 귀책사유가 있다면 무척 아쉽기는 하지만 억울하다는 생각은 덜할 것이다. 그러나 항상 세상 일이 그렇게 단순하지만은 않다.

승진 대상자 중 하나였던 A라는 남성 사원이 대리로 승진한 것이다. 아무리 생각해도 A는 뛰어난 성과를 낸 적이 없었다. A는 순응하는 체질이라 문제를 일으키지는 않았지만 그렇다고 내세울 만큼 특별히 잘한 일도 눈에 보이지 않았다. S는 아무리 생각해봐도 A에게 승진에서 밀린 이유를 찾을 수 없었다. A가 남성이기 때문에 승진의 기회가 먼저 주어졌다는 생각이 들었다. 주위 동료들과 가까운 선배에게 하소연하니 모두 그게 이유일 것이라고 얘기했다. 조직에서는 남성이 성장할 가능성이 더 크다고 보아 남성에게 먼저 투자한다는 것이다.

그렇다면 내가 쏟은 노력과 갈고닦은 역량은 무엇인가? 이 조직에서 이런 사회에서 공정하게 평가받고 성장할 수 있을까? 의사결정을 할 수 있는 임원급이라면 대부분 가정과 자녀가 있을 것이다. 요즘은 특별히 남성 선호주의도 별로 없으니 자녀의 반은 딸인 여성

일 것이다. 내 딸이 겪을 일이라고 생각한다면 남성에게 우선 기회를 주는 일을 쉽게 해서는 안 되는 것 아닌가?

이 대목에 이르러 S는 설움이 복받쳐 목소리가 바르르 떨리더니 급기야 울음을 터뜨렸다. 고등학교에 다니고 있는 딸의 얼굴이 S의 얼굴에 겹쳐 보였고 S의 뜨거운 눈물이 딸의 눈물로 느껴졌다.

당시는 남녀가 똑같은 평가를 받았으나 기회는 한 명밖에 줄 수 없다면 남성에게 기회를 주는 것이 당연한 일로 여기던 시절이었다. 한참 시간이 지나 S의 눈물이 잦아들었을 때 나는 이런 질문을 던졌다.

"S는 꿈이 뭐야?"

"네? 아, 네…… 음……."

꿈이 무엇이냐는 질문은 때때로 사람을 조금은 당혹스럽고 뻘쭘하게 만든다. 이 질문에 준비한 듯 조리 있게 답하는 경우는 별로 보지 못했다. 꿈이 없어서가 아니라 꿈은 끊임없이 변하기 때문이기도 할 것이다. 즉답하기 어려워도 누구나 마음속에 저마다의 꿈을 간직하고 있다.

잠시 머뭇머뭇하던 S는 이렇게 답했다.

"정말 멋있게 일하고 싶었어요."

더 자세히 묻지 않아도 '멋있게'라는 한마디에 어떤 분야에서 누구에게나 인정받고 실력 있고 전문성이 뛰어난 존경받는 여성 리더의 모습을 상상할 수 있었다.

"왜 '싫었어요'야. '싫어요'지. 바로 이곳에서 그 꿈을 이뤄야지!"

그리고 천천히 나의 생각을 나누었다. 인사결정자인 임원을 찾아가 조목조목 논리정연하게 따진다면 어떻게 될까? 조직에서 이미 내려진 인사 결정을 뒤집는 일은 절대 없다. 오히려 돌발행동으로 간주되어 향후 조직 생활을 하는 데 어려움이 따를 수도 있을 것이다. 이 직장이 싫어 다른 직장을 찾는다면 어떻게 될까? 아마도 시스템이 갖춰지고 앞서가는 조직인 대기업보다는 더 열악한 경우가 태반일 것이다.

그렇다면 어떻게 하는 것이 가장 현명할까? 내가 개인적으로 터득한 철학은 이렇다. 이기고 싶다면 고함쳐서는 안 된다. 분노에 휩쓸려서도 안 된다. 이해시키고 설득해야 한다.

가진 자는 없는 자의 어려움을 속속들이 알 수 없는 법이다. 세상에는 많은 종류의 소수자 집단이 있다. 여성, 흑인, 소수민족집단…… 인류 역사상 가장 오랜 역사를 가진 소수자 집단은 단연코 여성일 것이다.

남성은 여성이 차별이라고 느끼는 것에 대해 대부분 관심이 없거나 무감하다. 남성들은 그들이 특별한 의도는 없다 하더라도 관습적으로 아무렇지 않게 하는 행동들이 여성에게 얼마나 깊은 상처가 되는지 잘 모른다. 안다고 해도 더 깊게 알려고 하지 않는다. 자신이 구태여 나서서 해결할 일이 아니므로. 그것이 자신의 어머니, 아내,

딸이 겪는 일이라도 크게 다르지 않다. 이것이 무서운 관습이다.

숫자로 표시되는 데이터를 들이대지 않아도 당시 나는 그룹 최초의 여성 임원이었고 여성 임원이 아직 다섯 명도 안 될 때였다. 인화원에서 신입사원 교육을 진행하면 15퍼센트 정도가 여성 사원이었다. 소수 그룹이라 하여 차별받아도 되는 것은 절대 아니다. 그러나 이것이 현실이기도 하다.

남성 위주의 사회에서 여성이 일할 때 가장 힘든 일 중 하나는 남성이 여성을 바라보는 눈이다. 기득권의 위치에 있는 남성은 여성이 자신들이 만들어놓은 룰에 얼마나 잘 적응하는지, 문제를 일으키지 않는지, 성과를 잘 내는지 끊임없이 평가하는 자세로 바라본다.

이제는 바뀌어야 한다. 스마트한 조직이라면 조직의 경쟁력을 위해서 여성의 다름과 가능성을 끌어낼 수 있어야 한다. 스마트한 리더라면 여성들에게 관심을 가져야 한다. 여성이 가진 재능과 잠재력을 끌어내려면 여성을 더이상 '평가'하는 자세로 바라보아서는 안 된다. '함께' 무엇을 얼마나 더 할 수 있는지를 고민해야 한다. 남성과 여성이 '함께' 이룰 수 있는 가능성은 무한하기 때문이다.

나는 차분하게 말을 이어 나갔다.
"이러면 어떨까? 정말 멋지게 일하고 싶은 꿈을 한순간도 놓지 않고 더 열심히 해보자! 누구도 인정하지 않을 수 없을 만큼. 그래서 인정받을 수 있을 때 얘기하는 거야. 지난번 승진에서 낙마했을 때

S가 느꼈던 심정, 좌절, 실망 그리고 다시 딛고 일어서는 것이 얼마나 힘들었는지 담담하게 말씀드려봐. 감정은 빼고. 아마 겉으로 드러내지는 않아도 미안한 마음을 가질 거야. 반드시 일로 인한 보상 그리고 감정적인 보상도 있을 거야. 지금 당한 이 억울한 일이 S의 꿈을 빼앗게 둘 수는 없지, 절대로! 지금 당한 억울한 일이 아무리 크더라도 S의 원대한 꿈보다 클 수는 없어. 바로 이곳에서 S의 큰 꿈을 이루어야지!"

S는 마음을 추스르고 한결 가벼운 모습으로 떠났다. 지금은 어엿한 팀장이 되어 정말 '멋있게' 일하고 있다. S가 성장하는 과정을 멀리서 지켜보며 억울했던 일은 S를 더욱 단단하게 만들어주는 밑거름이 되었음을 확인할 수 있었다.

언제 한번 시간을 내어 S를 만나 편안하게 얘기를 나누고 싶다. 그때는 이런 얘기도 나누어 보고 싶다. S나 나의 성장 과정에서 우리도 누군가에게 또 다른 편견의 가해자 역할을 했던 적은 없는지. 우리의 무의식 속에 잠자고 있는 편견으로 인해 누군가를 힘들게 한 일은 없었는지.

이제는 여유 있게 돌아보고 의식적으로 반추해보고 싶다. 남녀의 다름이 남녀의 차별로 행해지는 일은 인류가 해결해야 할 영원한 숙제다. 이것은 남성과 여성이 같이 해결해야 하는 일이다. 남성의 역할이 더 크게 요구되는 일이기도 하다. 그러나 때로는 불합리한 어려움을 감당한 여성의 깊은 성찰이 더 큰 역할을 할 수도 있을 것이다.

코칭은 제자가 아닌
스승을 만나는 과정이다

퇴임 후 가장 아쉬움이 컸던 부분은 사람이었다. 직장 생활을 할 때는 언제나 코앞에 닥친 업무와 성과가 중요했고 사람보다는 일이 더 앞섰던 것 같다.

퇴임하고 나서도 한동안은 일로는 꽤 열심히 할 만큼 했다는 자부심을 갖고 있었다. 그러나 시간이 흐를수록 생각이 달라지기 시작했다. 스멀스멀 '일'보다 그때 같이 일했던 '사람'들이 더 떠오르기 시작했다.

"아, 그때 왜 그렇게 급하게 밀어붙였을까?"

"아, 그때 ○○○한테 칭찬을 더 할걸. 왜 그렇게 야박했을까?"

이런 생각을 하다 보니 떠오르는 것이 '코칭'이었다.

인화원을 떠날 무렵 교육 과정이나 리더십 워크숍에 코칭을 접목하고자 많은 노력을 기울였다. 코칭에 대해 깊숙이 들여다볼수록 리더십의 궁극은 '코칭 리더십'이라는 생각이 들었다. 그리고 직원들과 동고동락했던 긴 시간 동안 코칭적인 접근을 충분히 하지 못한 것이 늘 아쉬웠다. 다시 곰곰 생각해보니 아쉬움으로 남길 필요가 없었다. 이제라도 하면 된다. 누구를 대상으로? 나와 같은 길을 걷고 있을 수많은 후배 임직원, 후배 여성들을 찾아가면 된다.

결심이 서자 곧장 전문코치로서 일할 수 있는 교육 과정을 수료하고 자격증 등을 취득했다. 이제 본격적으로 전문코치로 활동하며 더없는 보람을 느끼고 있다. 다양한 사람들을 코칭하며 조직 내에 있을 때는 보지 못하고 미처 생각하지 못했던 것들을 코칭 대화를 하며 발견하기도 한다. 위안과 새로운 방향을 찾는 이들을 통해 나 역시 큰 위안과 보람을 얻는다. 그뿐 아니다. 내가 오히려 배우고 성장하고 있다.

상대방의 입장이 되어서야 비로소 보이는 것들

Y부장은 오래 알고 지낸 후배다. 사원 시절부터 부장으로 성장하

는 모습을 옆에서 지켜보았다. 언제나 활기차게 일하는 스타일이라 항상 생기가 넘치고 밝은 에너지가 가득한 사람이다. 일도 잘하고 궂은일도 조용히 마다 않고 하는지라 상사들도 그를 무척 신임했다.

그런데 최근에 상사가 바뀌고 난 후 얼굴이 점점 어두워지는 것 같았다. 무슨 일이 있느냐고 물어보니 새로 온 상사한테는 이유도 모르게 매번 깨진다고 했다. 팀 미팅이나 공개적인 자리에서도 꾸중을 듣다 보니 팀 내에서도 상사가 Y부장을 마음에 들어하지 않는다는 것을 다 알고 있다고 했다. 사정이 이렇다 보니 Y부장은 나를 만날 때마다 하소연을 털어 놓았다. 나는 그때마다 인정받으며 일하던 후배가 공개적으로 미움의 대상이 된 것이 몹시 안타깝고 마음이 아팠다. 때로는 미움 받는 Y부장보다 내가 더 화가 나서 상사를 마구 비방하기도 했다.

선배가 아닌 전문코치로서 Y부장을 만난 날, 코칭을 시작하며 무슨 주제로 얘기하고 싶은지 물었다.

"다 아시지만 저는 역시 상사와의 관계가 지금 제일 힘들어서 그 주제로 얘기하고 싶어요."

이미 다 알고 있는 얘기였지만 Y부장이 다시 한 번 자신의 상황을 설명하도록 했다. 우선 얼마나 힘들겠냐고 공감하며 코칭 대화를 이어 나갔다. 코칭 모드가 아니었을 때는 구태여 표현하지 않아도 다 알고 있다고 생각해 특별히 공감하는 표현은 안 했던 것 같다.

"그냥 힘들기만 한 게 아니라 요즘은 자존심도 너무 상하고 자신감도 완전히 잃은 것 같아요. 솔직히 남들보다 뭘 잘 못하는지도 모르겠어요."

"이유를 알 수 없을 정도로 혼란스러울 때는 정말 힘들지! 그래도 다른 팀원들과 비교해본다면 무엇이 다를까?"

"음…… 글쎄요. 생각해보니 그들은 다른 의견을 말하면서도 일단 무조건 '네, 맞습니다'로 시작하네요."

그럴 때 어떤 생각이 드는지 물었다.

"솔직히 꼭 저렇게 해야 하나 싶고, 그럴 때 저는 아니라고 말을 안 할 수가 없어요. 옛 상사는 그렇게 접근하지 않았거든요."

"그랬구나……."

잠시 침묵이 흐른 후 Y부장이 먼저 얘기를 꺼냈다.

"제가 옛 상사와 지금 상사를 비교하고 있었나 봐요."

"만약 후배가 이렇게 행동한다면 Y부장은 어떤 생각이 들까?"

"처음에는 그럴 수 있다 하다가도 늘 반대만 하면 불편하고 싫겠죠."

"그렇네. 그렇다면 지금 상사의 기분은 어떨까?"

"이제야 알 것 같아요. 결국 의사결정을 하고 지시하는 사람은 난데, 내가 경험도 더 많고 그 일에 대해서 책임을 지는데 부하 직원이 반대만 하면 정말 괘씸하겠네요. 어쩌면 전 상사와 비교하고 있는 제 속마음이 다 보였는지도 모르겠어요."

상대방의 입장이 마음으로 받아들여지면 해결책을 찾을 수 있다.

좀 더 얘기를 나누고 앞으로 상사를 어떻게 대할지 한 문장으로 표현해보라고 했다.

"그분의 입장에서 공감한다!"

얼마 후 만난 Y부장의 얼굴은 예전처럼 환한 모습이었다. 마음을 다르게 먹고 태도를 바꾸니 상사의 반응도 달라졌다고 한다.

나는 그동안 아끼는 후배의 어려운 사정에 대해 여러 번 얘기를 나누었지만 코칭 대화와는 전혀 달랐다. 이전에는 그냥 맞장구를 치며 하소연을 듣기만 했다. 심지어 상사가 그러면 안 된다며 내가 더 흥분한 적도 있었다. 그것이 내가 Y부장에게 갖고 있는 애정이라고 생각했다. 그러다 보니 하소연은 들어주었지만 진정한 도움은 되지 못했다. 동일한 상황에서 동일한 대상과 코칭 모드로 대화를 나누니 전혀 다른 해결 방안을 얻을 수 있었다. 결과에 대해 Y부장보다 내가 더 놀랐다. 그동안 제대로 선배 역할을 하지 못한 것 같아 부끄럽기도 했다.

코칭을 하며 어려운 문제를 잘 풀어 걸림돌이 아닌 디딤돌로 만드는 과정을 함께할 수 있다는 것은 내 인생의 또 다른 배움이었다.

저마다의 가능성을
이끌어내려면

코칭을 하며 다양한 사례를 경험한다. 기업에서 경영을 하는 임원이든 또 다른 형태의 리더이든 그들의 공통적인 고민은 성과를 내는 동시에 사람도 육성해야 한다는 것이다. 둘 중 하나에만 치중하라면 능히 해내는 사람이 많을 것이다. 그러나 두 가지를 다 잘하기는 결코 쉽지 않다.

리더가 어떤 리더십을 펼치느냐에 따라 조직에 미치는 영향력은 엄청나다. 리더십의 영향력은 때론 조직을 넘어 사회와 시대에까지 이른다. 그래서 리더들을 코칭하며 그들이 긍정적으로 변화하는 모습을 보면 더할 수 없는 보람을 느낀다.

리더십은 통제력이 아닌 영향력이다

P상무를 처음 봤을 때 매우 안정적이고 자신감이 있어 보였다. 본인이 일하는 ○○업계에서 항상 최연소 팀장, 최연소 상무, 최연소 본부장이 된 경력을 갖고 있었다. 인생에 가장 기억에 남는 성공사례를 들어보니 새로운 발상을 하는 능력이 돋보였고 일에 대한 열정도 남달라 보였다. 내가 상사라도 믿음직스러울 것 같았다.

코칭의 주제를 무엇으로 잡고 싶은지 물어보니 커뮤니케이션 능력을 개발하고 싶다고 했다. 보통은 리더십 진단 결과에 따라 부족한 부분을 코칭 주제로 삼는다. 진단 결과를 보면 커뮤니케이션 능력은 나쁘지 않았다. 왜 제일 낮게 나온 부분보다 이 주제를 잡는지 물었다.

"저한테 가장 시급한 과제는 가시적인 성과를 내는 일입니다. 성과를 내기 위해서는 전 팀원이 하나로 뭉쳐야 한다고 생각합니다. 하나로 뭉쳐야 리더의 방향을 잘 따라올 수 있는데 그렇게 하려면 커뮤니케이션이 가장 필요한 거 같습니다."

P상무는 올해 초 회사를 옮겼고 이전보다 더 큰 역할을 맡게 되었다. 당연히 성과에 대한 부담이 컸다.

나는 먼저 현재 팀원들과의 커뮤니케이션을 어떻게 하고 있는지 물었다. 이 질문에 P상무는 매우 적극적인 자세로 답했다.

"제주도까지 전국에 흩어져 있는 사업장을 지속적으로 돌며 팀원들을 직접 만나고 있습니다."

이렇게 얘기할 때 P상무에게서 자부심이 느껴졌다. 사실 본사에 있는 본부장이 각 지역에 흩어져 있는 사업장의 직원을 일일이 만나는 일은 내가 보아도 흔한 경우는 아니다.

"커뮤니케이션은 어떤 방식으로 하고 있으신가요?"

"해줘야 할 얘기가 너무 많죠. 가르쳐야 할 것도 많고. 사실 늘 시간이 모자랍니다."

"그렇군요. 정말 열심이시네요. 본부장이 커뮤니케이션에 이렇게 많은 시간을 할애하기는 쉽지 않죠. 그런데 본인이 커뮤니케이션하면서 문제라고 생각되거나 부족한 점은 무엇이라고 생각하나요?"

"그게…… 성과가 좋은 팀원에게는 편하게 대하는데 성과가 안 좋은 팀원을 만나면 아무래도 지적을 하거나 요구 사항이 많아집니다."

"그럼 제가 본질적인 질문 하나 드려보겠습니다. 커뮤니케이션이 무엇이라고 생각하세요?"

대부분 이런 질문을 하면 당황하거나 뜨악한 반응을 보이기도 한다. 그래도 필요할 때는 이런 질문을 해야 한다. 그저 이런저런 의성어만 낸다 하더라도 질문에 임하는 자세나 한두 마디 뱉는 단어를 통해서도 상대방의 관점을 파악할 수 있다. 이 질문에 P상무도 잠시 머뭇머뭇하더니 이렇게 답했다.

"커뮤니케이션이라는 게 내가 하고 싶은 메시지를 상대방한테 잘 전달하는 것 아닐까요?"

나는 다음 미팅 때까지 고민해볼 수 있도록 도전적인 질문 두 가지를 던졌다.

"첫째, 나는 어떤 커뮤니케이션을 원하는가, 둘째, 상대방은 즉 상사나 동료, 특히 부하 직원들은 어떤 커뮤니케이션을 원하는가 입니다. 깊이 생각해보고 다음 미팅에서 P상무님의 답을 들어보겠습니다."

다음 미팅에서 지난번 내준 과제에 대해 물었다. P상무는 약간 겸연쩍게 미소를 띠며 짤막하게 답했다.

"제가 그동안 말을 너무 많이 했더라고요."

빙고! 이런 답을 한다는 것은 분명 깊이 성찰해보았다는 증거다. 나는 질문만 던졌지만 P상무는 질문의 본질과 핵심을 파악한 것이다. 자신의 커뮤니케이션이 몹시 일방적이라는 것을 깨달았다. 팀원들과 소통을 직접 할 정도로 적극적이고 열성적이지만 자신의 방식에 문제가 있다는 것을 감지했다. 이럴 때는 더 길게 설명할 필요가 없다.

"앞으로는 어떻게 하고 싶으세요?"

"팀원들의 이야기를 잘 들어야 할 것 같아요."

"네, 아주 좋습니다."

리더십은 잘 듣는 것에서 시작된다

다음 미팅 때 P상무는 마치 다른 사람처럼 느껴졌다. 나는 나도 모르게 그동안 무슨 일이 있었냐고 물었다. P상무는 이제 내 얘기만 할 게 아니라 그들의 얘기를 들어봐야 할 것 같아서 면담할 때마다 "나한테 하고 싶은 얘기 없나?"라고 말문을 열었다고 했다. 놀랍게도 한 팀의 팀원 전원이 기다렸다는 듯이 동일한 얘기를 했다.

팀장에 대한 여러 가지 비리가 쏟아졌다. 그동안 팀원들이 겪은 고충은 이루 말로 다하기가 어려울 지경이었다. 본부장이 내려와 면담하기 전에 팀장이 먼저 연락해 거짓 보고를 하도록 시키기도 했다. 그동안 P상무는 거짓 보고를 받은 것이었다. 더구나 그 팀장은 본인이 철석같이 믿고 이직할 때 데려온 팀장이었다.

P상무의 충격은 매우 컸다. 그동안 팀원들의 상황을 헤아리지 못한 데 대해 몹시 괴로워했다. 나 역시 임원 생활 동안 숱하게 겪었기에 리더로서 느끼는 좌절을 충분히 공감할 수 있었다.

P상무에게 커뮤니케이션에 대해서는 더 코칭할 필요가 없었다. 본인이 커뮤니케이션의 본질을 잘 꿰뚫기도 했지만 이 충격적인 사

건으로 인해 상대방의 얘기를 들어야 한다는 너무나 값진 경험을 했다. 코칭을 하다 보면 마치 교회 부흥회에서 반짝 올라간 믿음처럼 코칭 기간에는 변한 것 같지만 코칭이 끝나고 나서 본래의 모습으로 돌아오는 경우를 종종 보게 된다. 안타까운 일이지만 그것이 인간의 모습이다.

그러나 이 정도의 경험을 하면 확실한 변화를 예측할 수 있다. P상무는 이후 아주 겸허하게 상대방의 얘기를 들을 것이다. 어쩌면 빠른 시일 안에 최고의 커뮤니케이터라는 평을 들을 수도 있을 것이다.

스스로 답을 찾도록 질문하라

자녀가 있는 여성 직장인을 코칭할 때 어김없이 육아에 대한 주제가 나온다. 이럴 때 대부분의 경우, 일에만 몰입해도 성과를 내기 벅찬데 육아 문제를 고민하고 있는 자신에게 문제가 있다고 생각한다. 회사에도 아이에게도 죄책감을 느끼며 전전긍긍한다. 심지어 회사에서 리더로서의 자질을 보고 더 큰 리더로 육성하려 해도 기회를 저버리려 한다.

이렇듯 일하는 여성이 겪는 이중적인 부담감은 옆에서 보기만 해도 가슴이 아프다. 일하는 여성은 직장에서 일어나는 부담과 스트레스를 가정으로 가져와 내려놓지도 못하고 가정에서 일어나는 부담과 스트레스를 일터로 가져오지도 못하고 전전긍긍한다. 시기적으로는 중간관리자에서 리더로 성장할 무렵 가정에서는 10대의 성장통을 겪는 아이와 전쟁을 치러야 한다. 가장 바쁘고 힘든 시기다. 이 시기를 잘 넘겨야 한다. 절대로 혼자 고민하지 말고 당당하게 주위에 도움과 조언을 구해야 한다.

일하는 엄마는 슈퍼우먼이 아니다

대전에 있는 연구소에서 일하는 K팀장은 코칭 세션에서 만났다. 코칭을 시작하기 전 HR부서를 통해 들은 K팀장에 대한 정보는 팀장으로서의 잠재력이 많다고 판단되나 본인은 팀장 역할을 몹시 부담스러워 한다는 것이었다.

K팀장은 첫 미팅에서 팀장 역할이 몹시 부담스러워 팀장으로서 받는 코칭 역시 부담스럽다고 솔직하게 얘기했다. 나는 팀장 역할이 왜 그리고 어떤 부분이 부담스러운지 물어보았다. 팀장이 아닐 때 훨씬 행복하게 일했고 팀장이 되니 팀원들과 관계가 더 어려워졌다고 한다.

"지금 팀장으로서 자신의 모습을 한마디로 표현해본다면 어떤 모습일까요?"

"지금의 저는 팀원들과 떨어져서 혼자 달리고 있는 것 같아요."

"혼자 달린다는 건 무척 힘들고 외로운 일이죠."

그리고 나는 한마디를 덧붙였다.

"회사에서는 K팀장을 위해 투자하고 기대도 하고 있는데 정작 본인은 손사래를 치고 계시군요."

이 말을 들은 K팀장은 화들짝 놀란 듯한 표정이었다. 첫 미팅은 그렇게 끝냈다.

미팅 횟수를 거듭하며 K팀장과 점점 더 깊은 얘기를 나눌 수 있었다. 회사 일 외에 고민이나 힘들다고 느끼는 일이 있는지 물어보았다. 깊은 한숨과 함께 회사 일이 아닌 다른 것을 얘기해도 좋으냐고 조심스럽게 말했다.

"회사에서 일할 때 K팀장의 모든 인생이 관련되어 있지요. 어떤 얘기라도 좋아요. 본인이 힘들다고 느끼고 있다면."

그러자 K팀장은 마치 기다렸다는 듯 딸의 얘기를 쏟아냈다. 딸은 중2였다. 어떤 의사 선생님도 손대기 어려운 무서운 병이 중2병이라고 한다는 그 나이였다. 딸이 자신에 대한 불만이 크다고 했다.

"엄마는 맨날 나보다 일이 우선이잖아!"

무슨 말을 해도 눈을 마주치지 않는 딸에게 혼자 떠들어대는 것 같은 일방적인 대화로 아침을 시작해 출근하면 일에 집중하기 어렵다. 그러니 팀원 모두가 자신을 바라보고 있는 팀장의 역할이 무겁고 벗어나고 싶을 수밖에. 차라리 어느 구석에서 혼자 조용히 주어진 일만 하고 싶으리라.

"너무 힘들죠."

나는 K팀장의 손을 꼭 잡았다. 딸과의 관계에서 어떤 점이 제일 힘드냐고 물었다. 즉각 답이 나왔다. 그만큼 야속하다는 얘기일 것이다.

"엄마 마음을 너무 몰라주는 거 같아요. 불만은 있겠지만 그래도 제가 엄마로서 최선을 다하고 있다는 건 알 텐데. 저는 그만한 나이에 그 정도는 아니었던 거 같아요."

"그래요. 딸이 좀 알아주면 좋을 텐데 많이 야속하지요."

시간이 조금 지난 후에 나는 다시 물어보았다.

"제가 딸한테 똑같은 질문을 하면 딸은 뭐라고 답할까요?"

K팀장은 피식 웃으며 말했다.

"저랑 비슷한 얘기할 거 같은데요."

자연스럽게 딸의 입장이 되어 생각해보기 시작했다. K팀장은 딸의 행동에 대한 불만을 쏟아내고 있었지만 마음속에서는 점점 딸을 이해하고 받아들이면서 마음이 한결 누그러드는 듯했다. 나는 맞장구를 치며 아주 짤막하게 한마디 정도씩만 보탰다.

"딸은 정말 K팀장이 일을 그만두길 원할까요? 딸이 진정으로 바라는 건 뭘까요?"

"아마도 자신을 더 쳐다봐주길 원할 거 같아요. 얘기를 좀 해봐야겠네요."

안타까운 것은 코칭 시간에 딸 얘기만 해도 되냐고 너무 걱정했다. 지금 맡은 팀장 역할을 잘하기 위해 팀장의 인생에 걸린 중대한 문제를 푸는 것이니 괜찮다고 곧 일에 대한 주제를 다룰 거라 했지만 영 불안한 마음을 감추지 못했다. 나는 일 얘기와 딸 얘기를 같이 해나가자, 단 내가 코칭 시간을 더 낼 테니 K팀장도 시간을 더 마련하라고 했다.

스스로 답을 찾다

딸과의 관계가 진전되며 K팀장은 비로소 일에 대해 편안한 마음으로 대할 수 있었다. 드디어 팀장 역할도 잘해내고 싶다고 했다.
"어떤 팀장이 되고 싶으세요? 이미지로 표현해본다면 어떤 모습일까요?"
코칭을 통해 변화하고 싶은 모습을 '혼자 달리는 팀장'에서 '같이 달리는 팀장'으로 그려냈다.
"같이 달리려면 어떤 마음을 나누고 싶으세요?"
팀원들에게 동기부여를 하겠다는 과제를 K팀장 스스로 정했다.
"K팀장은 어떤 때 제일 동기부여가 됐었나요?"
그녀는 진정으로 동기부여를 잘하려면 팀원들의 얘기를 들어주고 인정해주어야겠다고 스스로 결심했다. 나는 경청하는 법과 인정하는 방법을 코칭하며 나의 경험을 나누기도 했다.

이렇듯 나는 코치로서 공감하고 좀 더 생각해볼 질문을 던졌을 뿐 유능하고 실행이 빠른 K팀장은 스스로 해결책을 잘 찾으며 성큼성큼 나아갔다. 새롭게 시도해본 일에 대해 저널을 작성해 오라고 과제를 주면 내가 깜짝 놀랄 정도로 디테일하게 써왔다. 그리고 같이 리뷰하는 동안 이미 스스로 통찰하고 있었다.

이렇게 8회에 걸쳐 알찬 시간을 갖고 팀장 역할에도 긍정적인 관점과 적극적으로 노력하는 자세를 갖게 되었다. 딸과의 관계도 나날이 좋아졌다. 이제는 딸과 눈을 맞추고 마주 앉아 얘기를 나눈다고 했다. 내가 양념처럼 들려줬던 내 딸과의 에피소드가 무척 도움이 되었다고 했다. 기쁜 마음으로 코칭을 마칠 수 있었다.

안 되는 이유보다 가능한 이유를 먼저 떠올려라

몇 달이 지나 K팀장에게서 전화가 왔다. 서울 본사에서 오후 4시에 미팅이 있어 가는데 나를 만나 수다를 떨고 싶어 시간을 넉넉히 냈다고 했다. 반갑게 만나 점심 식사를 간단히 하고 카페에 들렀다. 얘기를 듣다 보니 4시 미팅은 사장님과 독대하는 승진 대상자 인터뷰였다. HR팀에서는 승진 대상은 아니니 연습 삼아 가벼운 마음으로 임하라고 했단다.

나는 이건 좀 아니다 싶었다. 사장과 독대할 기회는 여간해서 나지 않는다. 그것도 승진 대상자 인터뷰라면 아무리 대상이 아니어도 소홀히 할 일이 아니다. K팀장은 아무런 준비가 되어 있지 않은 것 같았다. 나는 귀한 기회인데 사장님과 무슨 얘기를 나누고 싶으냐고 물었다.

"글쎄요……."

"그럼 어떤 질문을 하실 것 같아요?"

"어…… 진짜 모르겠어요."

나는 얼른 미팅 장소로 이동해 차분하게 시간을 갖고 준비하라며 K팀장을 돌려보냈다. K팀장은 이제야 긴장이 되는지 감사하다며 황급히 자리를 떴다.

K팀장은 사장님과의 인터뷰를 마치고 내려가는 기차 안에서 나에게 전화했다.

"오늘 코치님 안 만났으면 저 완전히 당황했을 거예요. 생각보다 너무 긴장되는 분위기더라고요. 마음의 준비 없이 들어갔으면 당황해서 횡설수설하고서는 두고두고 후회했을 것 같아요. 코치님 덕분에 준비를 해서 비교적 차분히 하고 싶은 말을 할 수 있었어요. 코치님, 정말 감사드려요."

몇 달 후 또 연락이 왔다. 평소보다 한 옥타브 올라간 목소리였다.

"코치님, 저 연구위원으로 승진했어요. 승진 대상도 아니었는데.

지금 생각해보니 코치님 만나서 코칭 받고 인터뷰 전에 만나 뵌 거 다 운명이었던 거 같아요. 코치님은 제 인생의 은인이세요. 그리고 저 요즘 딸하고 너무 친하게 잘 지내요."

K팀장이 훌륭한 팀장으로 성장하기 위해 보여준 과정은 어떤 리더보다 훌륭했다. 코칭을 받으며 문제의 핵심을 정확히 파악하고 판단했으며, 변화하기 위해 빠르게 실행할 줄 알았고, 실행 후에도 매우 겸허하게 통찰할 줄 알았다. 이는 많은 여성들이 가진 강점이다. 딸과의 어려운 문제를 해결했다는 자신감은 팀장으로서 성장하는 데 큰 원동력이 되었다. 이 경험은 앞으로 닥칠 크고 작은 위기 앞에서 유연하게 대처하고 '안 되는 이유'보다는 '가능한 이유'를 찾는 사람이 되도록 도와줄 것이다.

살며 사랑하며 배우며

코칭의 기본 철학과 정신은 인간은 누구나 무한한 가능성을 가지고 있으며 스스로 답을 갖고 있는 존재라는 것이다. 그 답을 찾아가는 과정에서 누군가가 파트너가 되어 도와준다면 훨씬 수월히 답을 찾을 수 있다.

똑같은 환경에서 똑같은 문제를 겪는다 해도 인간은 각자 찾아가는 길이 다르다. 그 길은 누가 가르쳐주어서 찾는 것이 아니다. 스스로 찾은 길만이 그의 답이 된다.

대학생들의 고민을 듣다

나는 자양라이프 아카데미에서 대학생을 대상으로 하는 인재육성 프로그램에 재능기부도 할 겸 자문위원을 맡고 있다. 자양라이프 아카데미는 동원그룹 김재철 회장님의 인재육성 철학을 실현하는 프로그램으로 우연히 강사로 초빙된 것을 계기로 인연을 맺게 되었다. 김재철 회장님은 수많은 인재들에게 장학금을 주는 장학사업을 오래 했지만 허탈했다고 한다. 우리나라의 가장 큰 자산은 사람인데 지금의 교육은 사람을 제대로 키우기에는 한계가 있다는 것이다.

자양라이프 아카데미는 무료로 9개월 동안 진행한다. 매주 토요일 오전에는 각종 분야의 성공한 리더들의 얘기를 듣고 질문하며 세상을 접하고 오후에는 일주일에 한 권씩 읽은 책을 바탕으로 토론을 한다. 팀원을 바꿔가며 수많은 팀 과제를 수행하고 방학 중에는 봉사프로그램에도 참여한다. 무엇보다 인성을 가르치고자 한다. 능력과 경쟁이 우선시되는 사회에서 인성을 바탕으로 하는 능력과 서로 돕고 협업하는 법을 가르친다.

이 철학이 마음에 들어 자연스럽게 깊이 참여하게 되었다. 매주 토요일마다 대학생들을 만나 이야기를 나누다보니 이들에게 코칭을 해야겠다는 생각이 들었다.

매일 아침 8시부터 9시까지 전화로 텔레코칭을 하는데 1인당 1시간씩, 그들이 원하는 횟수만큼 하고 있다. 대학생들은 직장 생활을 하는 성인과는 전혀 다른 고민들을 하고 있다. 이들 대부분은 이런 프로그램에 참여할 만큼 열심인데도 항상 경쟁의식에 시달린다. 늘 남과 비교하는 것이다. 부모가 나에게 모든 것을 지원해주는데 기대에 미치지 못하고 있지 않나 늘 걱정한다. 이 꽃 같은 나이에는 무모하리만치 꿈을 좇고 세상에 덤벼들어야 하는데 진로 걱정에 이미 머릿속이 꽉 차 있다. 열심히 살고 성취하려는 열망이 넘치지만 뭔가가 비어 있는 공허함과 불안감이 느껴진다. 자의식과 자신감을 찾지 못하고 있다.

  나는 이들의 절실한 고민을 들으며 처음으로 먼저 인생을 산 사람으로서의 부끄러움 같은 것을 느꼈다. 도대체 누가 이 아이들을 이런 모습으로 만들었을까? 철저히 어른들의 잘못이 아닐까?

  나는 내 인생을 돌아보며 꽤 잘 산 인생이라고 자부했다. 가난하고 척박한 시대에 태어나서 그래도 무엇이든 이룰 수 있다고 생각했던 세대의 한 사람으로서 그리고 한 여성으로서 치열하게 일했고 나름 꽤 많은 것을 이루었다고 생각했다. 그런데 아니었다. 아이들의 경쟁에 치인 각박한 모습은 절대로 이들의 잘못이 아니다. 목표와 성취만 좇으며 살아온 우리의 모습 그대로인 것이다. 이것이 그들을 벼랑 끝으로 내몰고 있다. 우리는 다음 세대에게 물려주어야 할 진정한 유산을 주지 못한 게 아닐까.

  때로 부모님이나 선생님보다 제3자에게 마음을 털어놓기 쉬울 때가 있다. 대학생들을 코칭하며 그들에게는 이거 해라 저거 해라 하는 사람이 아닌 그저 자신의 얘기를 들어주는 사람이 필요하다는 것을 느꼈다.

사람은 누구나 저마다 타고난 재능과 강점이 있다. 그러나 우리는 더 나은 사람이 되기 위해 자신의 약점과 부족한 점에 집착하는 경향이 있다. 실상은 약점은 접어두고 나만이 갖고 있는 강점에 집중할 때 훨씬 더 큰 성과를 낼 수 있다.

나는 평소에 학생들을 유심히 관찰해둔다. 그리고 텔레코칭 예약이 들어오면 그 학생의 강점을 정리한다. 휴대전화를 들면 누구나 세상 모든 고민을 머리에 인 듯 풀이 죽은 목소리로 대화를 시작한다. 학생이 가진 문제를 열심히 들어주고 코칭 대화를 마친 후 나는 이 말을 반드시 덧붙인다.

"○○야, 선생님이 보기에는 ○○한테 이런 이런 강점들이 보여. 그런데 ○○는 못 보고 있는 거 같아. 내 눈에는 보이는데. 너 그거 알고 있니?"

나는 그 학생만의 강점을 인정해준다. 그러면 예외 없이 "정말요? 진짜요?" 하며 금세 목소리가 밝아진다. 통화가 끝날 무렵에는 자신감이 넘치는 톤으로 바뀌어 있다. 나 역시 기분이 좋아져 보람찬 하루를 시작할 수 있다.

편견 없이 있는 그대로 받아들일 것

나는 미래(가명)를 자양라이프 아카데미 면접장에서 처음 만났다. 사실 나는 미래에게 낮은 점수를 주었다. 그의 태도가 약간 거슬렸다. 의욕이 넘쳐 자기를 내세우는 스타일이었다. 말은 잘하지만 말이 조금 많은 편이었다.

면접을 끝내고 떨어뜨려야 할 몇 명을 골라내는 일이 남았다. 다 합격시키고 싶지만 운영상 제약이 있었다. 나는 미래를 우선 걸러냈다. 탈락 대상자 몇 명을 놓고 면접위원끼리 갑론을박하는데 미래를 통과시키자는 쪽으로 의견이 기울었다. 나는 못마땅했다.

"미래는 이 프로그램의 철학과는 거리가 있어 보여요. 스펙 쌓는 데 치중하는 스타일이라 이 프로그램의 진수를 제대로 배워갈지도 의문이 듭니다."

나는 은근히 나의 의견을 드러냈지만 다른 면접위원들은 열의가 있어 보여 탈락시키기 아깝다고 했다.

나는 코칭하며 내가 달라지고 있다고 느낀 적이 많다. 그중 하나가 지금과 같이 내 생각과 다른 의견이 나올 때 받아들이는 태도다. 예전 같았으면 다른 사람은 다 반대하고 나 혼자만 주장하는 일이라도 일단 나의 의견이 옳다고 생각하면 굽히지 않았다. 요즘은 나보다 더 많은 사람이 같은 의견이라면 일단 받아들이고 내 생각을 양보하기도 한다. 그때도 그다지 내키지는 않았지만 다수의 의견을 좇기로 했다. 그렇게 해서 미래는 면접을 통과했다.

　프로그램이 진행되는 내내 미래의 태도는 변함이 없었다. 매사에 조금은 지나치게 적극적이었고 강사의 강의를 들은 후 질문을 하면 종종 강사가 질문의 초점이 무엇이냐고 되물을 정도로 장황하기도 했다.

　프로그램이 거의 끝나갈 무렵, 미래와의 코칭이 예약되어 있었다. 그날 아침 나는 제대로 된 코칭을 하기 위해 미래에 대한 나의 개인적인 판단을 뒤로 하고 마음을 비우는 시간을 가졌다. 그런데 뜻밖에 전화로 들려온 미래의 목소리는 평소와는 판이하게 달랐다. 몹시 풀이 죽은 목소리였다. 코칭 주제는 준비하고 있는 법학전문대학원 시험일이 다가오고 있는데 점점 집중이 안 되고 심지어 불면증에 시달리고 있다고 했다. 나는 법학전문대학원에 합격하는 것이 미래에게 어떤 의미냐고 물어보았다.

　"법학전문대학원에 합격해야 제가 설계한 인생을 펼칠 수 있어요."

　미래는 나의 물음에 몇 살에는 무엇을 하고 몇 살에는 무엇이 되어 있어야 하는 견적서와 같은 인생 설계도를 꽤 길게 설명했다.

　"원하는 대로 안 되면 어떻게 될까?"

　"그렇게 되면 저는 완전 인생 루저가 되는 거죠."

　나는 잠시 숨을 돌리고 물었다.

"미래는 언제부터 변호사가 되고 싶었어?"

"예닐곱 살 때부터요."

"그랬구나. 그때 왜 변호사가 되고 싶었어?"

이 질문에 잠시 말문이 막히는 듯하더니 천천히 답했다.

"음…… 다른 사람을, 어려운 사람을 돕고 싶었어요."

"너무 아름다운 꿈이었네. 그런데 지금 미래가 가진 생각은 많이 다르게 들리는데 그때 했던 생각과 어떻게 다를까?"

한참을 기다려도 답이 없었다. 나는 인내심을 갖고 기다렸다. 미래는 긴 침묵을 깨고 서서히 답했다.

"선생님 제 꿈이 너무 달라졌네요……. 아니 제가 꿈을 잃어버렸나 봐요. 갑자기 제가 너무 부족한 사람처럼 느껴져요."

나는 즉시 말을 이었다.

"아냐. 그건 절대 네 잘못이 아냐. 우리 사회가 그리고 어른들이 너를 그렇게 만든 거야. 너는 절대 그 꿈을 잃은 게 아니야!"

잠시 울컥하는 모양이었다. 한참 후 미래는 말을 이어갔다.

"선생님! 선생님 말씀을 들으면서 뭔가 마음이 편안해지고 생각이 정리된 느낌이에요. 저 뭔가 다시 생각할 수 있을 거 같아요."

"그래, 너는 할 수 있어!"

미래가 꿈을 잃어버린 것 같다고 말할 때 나는 감사하다는 생각이 들었다. 긴 침묵을 거쳐 그 짧은 한마디를 내뱉기까지 얼마나 많은 것이 미래의 머릿속을 오갔는지 나는 안다. 어릴 적 꿈과 지금의 꿈을 비교하는 질문에 머리를 한 대 얻어맞은 듯 강박적인 현재의 모습을 깨달은 것이다. 그동안 미래는 항상 뭔가를 하고 있어야 안심이 되고 강박적으로 뭔가를 보여주어야 한다는 생각에 스스로를 몰아세운 것이었다. 어릴 적 처음으로 꿈을 가졌던 순간을 떠올리니 순수하게 꿈을 키우며 여유를 갖고 뭔가를 이루기 위해 정진하는 모습이 그려졌을 것이다. 그 둘의 차이를 인지한 것이다.

그다음 토요일에 만난 미래의 얼굴은 무척 편안하고 밝아 보였다. 불면증이 사라졌다고 했다.
"선생님 제 여자 친구가 항상 제 걱정을 많이 했어요. 그래서 선생님과 나눈 얘기를 했더니 꼭 선생님께 감사하다고 전해달래요."
그다음 주에는 강의가 마무리될 때쯤 미래가 강사에게 촌철살인의 짧막한 질문을 던졌고 강사는 "그 질문 아주 좋아요." 하더니 신이 나서 긴 답변을 했다. 나는 뒤에서 참관하며 무척 흐뭇했다.
미래는 강의가 끝나자마자 뒤로 돌아 나에게 다가왔다.
"선생님 저 잘했죠?"
나는 미래를 와락 끌어안고 등을 두들겨 주었다. 그 후로도 미래와 많은 대화를 나누었고 미래는 놀랄 정도로 달라졌다.
프로그램이 끝나면 커다란 종이에 모든 학생이 돌아가면서 써준 이별의 롤페이퍼를 받는다. 미래가 쓴 글도 있었다.
"선생님께서 그때 '그건 절대 네 잘못이 아니야. 너는 네 꿈을 찾을 수 있어'라고 해주신 말씀으로 제 인생이 바뀌었어요. 선생님 진심으로 감사드려요."

인간은 무한한 가능성을 갖고 있다. 내가 미래를 면접에서 떨어뜨렸으면 어땠을까? 이렇게 살짝만 자극해도 확실하게 깨닫는 무한한 가능성을 가진 젊은이를 어른인 내가 내칠 뻔했다. 나의 편견으로, 나의 자만으로. 생각만 해도 가슴이 철렁 내려앉는다.

나의 우주가 끝나면 다른 누군가의 우주가 시작된다

코칭을 하고 나면 반드시 통찰의 시간을 갖는다. 나는 코칭을 하며 상대방에게 도움을 준다기보다 내가 더 배운다고 생각한다. 예전의 내 모습처럼 치열하게 일하는 임원들과 여성 후배들에게서도 많이 배우지만 특히 젊은이들에게서 더 큰 깨달음을 얻는다. 그들이 진정으로 원하는 것은 관심과 애정 그리고 있는 그대로를 믿고 인정해주는 것이다. 그러나 어른들은 섣부른 조언과 충고, 평가, 판단을 그들에게 쏟아놓는다. 전혀 도움이 되지 않을뿐더러 그들과 어른 사이에 건너지 못할 강을 만든다.

누군가는 밀레니얼 세대가 두렵다고 한다. 나는 그렇게 생각하지 않는다. 밀레니얼 세대나 Z세대는 그 어떤 세대보다 솔직하게 자신을 드러내는 세대다. 겉으로 보이는 그들의 행동 패턴은 기성세대와 매우 다르다. 우리는 상사가 얘기하면 열심히 들으며 받아 적었지만 요즘 세대들은 들은 척도 안 하고 휴대전화만 내려다본다고 한다. 그래서 한 상사가 야단을 쳤더니 지금 하신 말씀과 관련된 내용을 검색하고 있다고 했단다. 그저 모양새가 다를 뿐이다. 아마 윗세대들에게 우리도 그렇게 보였을 것이다.

그들은 표현이 훨씬 자유롭고 적극적이다. 그들은 그 어느 세대보다도 인간 내면의 가장 밑바탕에 있는 욕구, 존중받고 싶고 인정받고 싶은 욕구를 순수하게 표현한다. 그들에게는 세상 모든 일이 나의 자아와 자신의 꿈이 연결되었을 때 비로소 의미가 있는 것이다.

이들에게 어른인 우리가 먼저 다가가야 한다. 무한한 가능성을 가진 이들을 있는 그대로 받아들이고 감싸주고 소통해야 한다. 그들의 이야기를 경청하고 존중하고 인정해야 한다. 그들의 눈높이로, 그들 마음의 깊이로. 그들의 꿈을 어른들이, 우리 사회가 같이 꾸어야 한다. 그들은 우리의 현재이자 미래이므로!

감사의 글

이 책을 쓰면서 한없는 감사함을 느꼈다. 책을 쓰는 내내 인생의 길목에서 만난 수많은 감사한 분들이 떠올랐다.

내가 늦은 나이에도 일을 시작할 수 있었던 LG에서 제일 먼저 떠오르는 분은 고故 구본무 회장님이다. 나에게 무한한 성장을 할 수 있는 기회와 환경을 제공해준 감사함도 크지만 내가 그분께 느끼는 진정한 감사함은 그분의 '겸손'함이다. 우리는 모두 어느 정도는 겸손함을 가장하고 산다. 그분에게서는 인간이 겸허할 수 있는 가장 진정한 의미의 '겸손'함을 배울 수 있었다. 더이상 가까이서 보고 배울 수 없다는 것이 무척 아쉽다.

LG에서 일하며 만난 수많은 선배 어른들과 동료 임원들 그리고 오랫동안 동고동락한 후배들 모두가 나에게는 무한한 사랑과 인내로 나를 믿고 지켜보고 응원해준 분들이다. 특히 LG의 여성 후배 임원들과 LG인화원의 여성 후배들은 나의 인생에 가장 귀한 지지자들이자 친구들이다. 이 책에 담긴 모든 이야기는 모두 그분들의 가르침이 있어 가능했다.

책을 쓰라고 지치지 않고 독촉하고 독려해준 후배들에게도 특별한 감사를 전하고 싶다. 그들이 없었다면 이 책은 나오지 못했을 것이다.

끝으로 나의 모든 것을 가능하게 만들어준 어머니, 남편과 딸 그리고 가족들, 나를 늘 아끼며 지켜봐준 주위의 가까운 지인들에게 무한한 감사를 드린다.